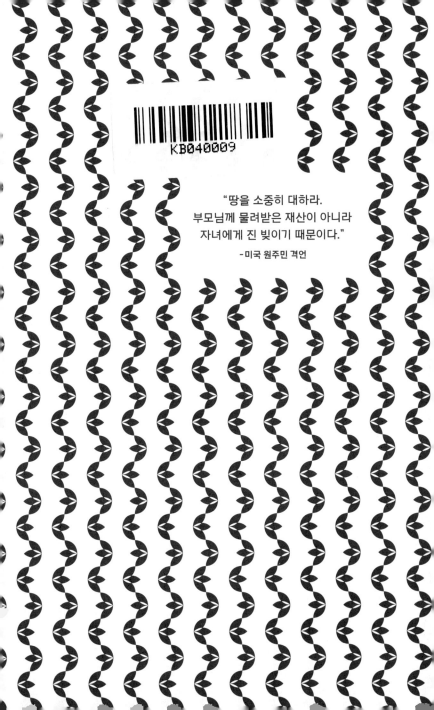

"땅을 소중히 대하라.
부모님께 물려받은 재산이 아니라
자녀에게 진 빚이기 때문이다."

-미국 원주민 격언

아스팔트를 뚫고 피어난 꽃

Will the Flower Slip Through the Asphalt
—Writers Respond to Capitalist Climate Change
Copyright individual essays © 2017 by respective authors.
Copyright this collection © 2017 LeftWord Books.
First published in India by LeftWord Books, New Delhi.
This Korean edition is published with permission from LeftWord Books, New Delhi.

아스팔트를 뚫고 피어난 꽃
—자본주의 시대 기후 변화에 대한 단상

지은이 가산 하게, 나오미 클라인, 라피아 자카리아, 마스투라 알라타스, 샬리니 싱, 수전 아불하와, 아미타브 고시, 존 벨러미 포스터, 카를로스 드루몬드 지 안드라지
엮은이 비자이 프라샤드
옮긴이 추선영

1판 1쇄 발행 2018년 9월 15일

펴낸곳 두번째테제
펴낸이 장원
등록 2017년 3월 2일 제2017-000034호
주소 (13290) 경기도 성남시 수정구 수정북로 92, 태평동락커뮤니티 1005호
전화 070-7671-7392
팩스 0303-3441-7392
전자우편 secondthesis@gmail.com
페이스북 facebook.com/thesis2
블로그 secondthesis.blog.me

ISBN 979-11-960960-4-5 03300

이 도서의 국립중앙도서관 출판예정도서목록(CIP)은
서지정보유통지원시스템 홈페이지(http://seoji.nl.go.kr)와
국가자료공동목록시스템(http://www.nl.go.kr/kolisnte)에서
이용하실 수 있습니다.(CIP제어번호: CIP2018029062)

아스팔트를 뚫고
피어난 꽃

- 자본주의 시대
기후 변화에 대한 단상

카를로스 드루몬드 지 안드라지
나오미 클라인
존 벨러미 포스터
가산 하게
라피아 자카리아
마스투라 알라타스
샬리니 싱
수전 아불하와
아미타브 고시
지음

비자이 프라샤드
엮음

추선영
옮김

땅과 그곳에 거하는 사람들을 수호하기 위해
목숨을 바친 모든 사람들에게 이 책을 바칩니다.
그중에서도 특히 과거와 미래를 잇기 위해 애쓰다가
목숨을 잃은 두 사람의 명복을 빕니다.

베르타 카세레스Berta Cáceres(1972~2016)
온두라스 시민 및 원주민 위원회

이시드로 발데네그로 로페스Isidro Baldenegro López(1966~2017)
따라우마라 공동체

일러두기

1. 이 책은 인도 레프트워드 북스(Leftword Books)에서 2017년 펴낸 《Will the Flower Slip Through the Asphalt—Writers Respond to Capitalist Climate Change》를 완역한 것이다.

2. 원서 주석은 모두 각주로 처리했으며, 원서의 이탤릭체는 볼드체로 바꾸어 표시했다. 도서 제목에는 겹화살괄호(《 》)를, 이외 매체에는 홑화살괄호(〈 〉)를 사용했다.

3. 외국 인명, 지명은 국립국어원의 외래어 표기법과 용례를 따랐다. 다만 국내에서 이미 굳어진 인명과 지명의 경우 통용되는 표기로 옮겼다. 의미 전달을 위해 필요한 경우 원어나 한자를 병기했다.

차례

꽃과 메스꺼움[*]

카를로스 드루몬드 지 안드라지

계급과 옷에 갇힌
나는 흰 옷을 입고 회색 거리로 나선다.
나를 빤히 쳐다보는 우울한 사람들과 상인들.
구역질이 나기 전에,
무기 없이 혁명을 일으킬 수 있을까?

시계탑에 꽂히는 더러운 눈길:
아니, 아직은 완전한 정의의 시간이 아니다.
배설물, 나쁜 시, 환각, 기다림의 시간이 지루하게 이어진다.

안타까운 시대, 불쌍한 시인
막다른 골목.

설명하려 하지만 모두 헛수고. 벽은 듣지 못하고.
단어라는 허울 뒤에 숨은 수많은 암호와 부호.
태양은 병자를 위로할 뿐 새롭게 하지 못하고
맥락을 잃고 떠도는 슬픈 현실을 딛고

---

[*] 《민중의 장미 *A Rosa do Povo*》(1945) 수록.

한 송이 꽃이 거리에 피어났다!
이 지루함을 도시에 토해내리라.
40년이 흘러도 문제 해결은커녕
수습조차 요원한데,

편지 한 장 전하지 않은 채
집으로 돌아온 남자들.
완벽한 자유는 누리지 못하지만 신문을 보고
세상을 해독해 세상을 잃었음을 확인한다.

지구에 대한 범죄, 그것을 어떻게 용서할 것인가?
나도 동참하거나 은폐한 범죄.
나의 그럴 듯한 생각들이 신문에 게재되기도 했다.
가벼운 범죄 덕분에 이어가는 삶.
집집마다 배달되는 일상의 오류.
악하고 치열한 제빵사.
악하고 사나운 낙농업자.

모두 불태우라. 나까지도.
사람들은 1918년의 소년을 무정부주의자라 칭했다.
하지만 증오는 나의 것.
증오야말로 나를 구원하고
작은 희망을 주는 존재.

트램, 버스,
강철 자동차의 물결 사이에서
색이 바랜 꽃.
경찰의 눈을 피해 아스팔트를 뚫고 피어난 꽃.
완전한 침묵 속에 당신의 사업을 멈추게 하고
피어난 꽃.
색상도 없고
꽃잎도 오므린 꽃.
책에 이름조차 못 올린 꽃.
예쁘지는 않지만, 진정한 꽃.

오후 5시, 이 나라 수도 바닥에
주저앉아
천천히 이 여린 존재에게 손을 내민다.
산에서 거대한 구름이 일어나고
바다에서 하얀 파도들이 부서지니
닭이 허둥지둥한다.

예쁘지 않아도 꽃은 꽃이다.
아스팔트, 지루함, 혐오, 증오를 헤치고 꽃이 피어났다.

서문

비자이 프라샤드

> 인간의 삶은 명확한 두 가지 사실을 잇는 터널이 아닌가?
> 파블로 네루다, 《질문의 책 *Libro de las preguntas*》(1974)[*]

2016년 12월 반기문 UN 사무총장은 사무총장으로서는 마지막으로 기자들과 만난 자리에서 기후 변화에 대해 언급했다. "기후 변화에 관한 파리 협정은 국제 사회가 지원을 통해 강화해나가야 하는 귀중한 성과입니다. 퇴보해서는 안 됩니다."

'퇴보해서는 안 된다'는 반기문 UN 사무총장의 언급에 주목할 필요가 있다. 전 세계적인 기후 변화는 없다고 생각하거나 인간의 힘으로는 전 세계적인 기후 변화 추세를 돌이킬 수 없다고 생각하는 정치 지도자들, 즉 '기후 회의론자'들이 정치

---

[*] 《질문의 책》, 정현종 옮김, 문학동네, 2013.

적 입지를 다지고 있는 상황에서 나온 발언이기 때문이다. 도 널드 트럼프 미국 대통령을 비롯한 기후 회의론자들은 기후 변화에 관한 2016년 파리 협정을 무시하려고 한다. 이에 대해 에릭 솔하임Erik Solheim UN 환경 계획Environmental Programme 사무총 장은 '미국의 엘리트 정치인 중에는 과학을 부정하는 사람들 이 있는데, 과학을 부정하는 일은 중세 시대에나 있었던 일'이 라고 언급하면서 우려를 표시했다.

　기후 과학을 부정하는 현상은 지구가 직면한 훨씬 더 심층 적인 문제, 즉 위기를 일으키는 경향을 내포하고 있는 자본주 의의 횡포를 드러내는 여러 가지 징후 중 하나에 불과하다. 자 본주의는 치명상을 입어 몸부림치면서 육중한 꼬리를 마구 휘 두르고 아무 데나 불을 내뿜는 용처럼 상처를 치유하기 위해 서라면 수단과 방법을 가리지 않는데, 그 결과 인간 노동을 착 취하거나 귀중한 자연 자원을 독식하는 일이 벌어진다. '지속 가능한 개발'이나 '탄소 기반 개발' 같은 수사가 난무하지만 이 와 같은 수사들의 바탕에는 인간과 자연을 더 많이 착취해 성 장률을 높이겠다는 공통분모가 자리 잡고 있다. 한편 UN 산 하 기후 변화에 관한 정부 간 협의체Intergovernmental Panel on Climate Change가 발간한 다양한 보고서를 통해 성장의 궤적이 자본주 의가 설정한 경로를 계속해서 따라간다면 인간의 삶을 지탱할 수 없을 것이라는 사실이 확인되고 있는 형편이다. 따라서 자 본주의라는 기생충과 그 기생충의 숙주인 인간과 자연은 서로 모순 관계에 놓인다. 두 존재는 공존이 아니라 한쪽이 다른 한 쪽을 끝장내야만 하는 관계인 것이다.

　자본주의가 자연과 지구의 서식 환경을 전혀 존중하지 않는다는 사실은 이미 여러 세대 전에 입증되었다. 로자 룩셈부르크Rosa Luxemburg는 1917년 5월 2일 친구 조피 리프크네히트Sophie Liebknecht에게 보낸 심금을 울리는 편지에 이렇게 적었다.

　어제 독일에서 명금류鳴禽類가 사라진 이유를 소개한 글을 읽었어. 과학적 임업, 과학적 원예, 과학적 농업이 확산되면서 나무를 베어 냈고 명금류의 먹이 활동이 어렵게 되었고 둥지를 틀 자리가 사라졌대. 게다가 현대 과학이 제시하는 방법에 따라 공동목空洞木, 황무지, 관목灌木, 낙엽도 제거되고 있는 형편이야. 인간이 누릴 수 있는 즐거움이 사라졌다는 차원이 아니라 힘없는 작은 생명들이 이토록 슬그머니, 그렇지만 거침없이 사라져 간다는 생각에 마음이 찢어질 듯 아팠어. 눈물도 나더라. 취리히에 머무는 동안 북아메리카 인디언이 사라져 간 과정을 다룬 지버Sieber 교수의 책을 읽었는데, 북아메리카 인디언 역시 독일의 명금류처럼 문명화된 인간의 등쌀에 밀려 대대로 활보했던 사냥터에서 밀려나고 말았어.

　투옥 중이었던 로자 룩셈부르크가 이 편지를 쓴 시기는 러시아 혁명이 일어난 직후로, 독일 내 긴장감이 고조되면서 로자 룩셈부르크와 동료들이 유럽의 심장부인 독일에서 봉기가 일어날 가능성을 점치고 있던 시기였다. 혁명가 로자 룩셈부르크가 변혁의 조짐이 그 어느 때보다 크게 점쳐지던 시기에 명금류에 대한 편지를 남긴 이유는 무엇인가? 편지에는 이렇게 기록되어 있다. '목표를 잃어버린 다른 여러 정치인처럼 자

16

연에서 안식처를 찾고 휴식을 취할 마음은 없어. 사실 자연의 잔인함 때문에 오히려 깊은 상처를 받곤 했거든.' 로자 룩셈부르크는 노동계급을 멸시하는 자본주의의 태도와 자연 세계를 무시하는 자본주의의 태도 사이에 밀접한 관계가 있다는 사실을 간파했다. 로자 룩셈부르크는 인간이 소비할 수 있는 자연 세계의 자원에 제한이 가해진다는 이유로 자연의 몰락을 한탄한 것이 아니라 명금류의 소멸을 통해 자본주의 역사에서 집단 학살과 자연의 소멸이 필연적으로 연관될 수밖에 없다는 사실을 깨닫고 분노했던 것이다. 자연의 몰락은 **인간의 본성**이 아니라 끝없이 이윤을 추구하는 가운데 인간과 자연을 자원으로서만 바라보는 자본주의 체계를 충실히 따른 결과였다.

로자 룩셈부르크는 《자본의 축적 *The Accumulation of Capital*》 (1913)*에서 자본주의를 장벽을 허물어뜨리고 자원을 집어삼키면서 새로운 투자 기회를 찾아나서는 가차없는 존재로 평가한다. 따라서 우리는 로자 룩셈부르크가 조피 리프크네히트에게 보낸 편지를 자본주의가 자본주의적이지 않은 환경을 식민화하는 방식을 설명하고, 자본주의가 환경을 식민화하지 못한다면 붕괴될 수 있다는 사실을 논의하는 차원에서 해석해야 한다. 한편 이와 같은 논의는 《자본론 *Capital*》 3권에서 '자본의 한계는 자본 자체'라는, 즉 인간과 자연을 더 이상 유린할 수 없게 된 자본은 기능을 멈출 것이라고 언급한 마르크스의 논의와 맥락을 같이한다. 따라서 자본주의는 인간의 불행

---

* 《자본의 축적 1, 2》, 황선길 옮김, 지식을 만드는 지식, 2013.

이나 사회적 불평등 그리고 기후 변화가 한계에 봉착할 때까지 유린하다가 쓸모가 없어지면 헌신짝처럼 내버릴 것이다. 이러한 맥락에서 생각해 볼 때 빈민에게 베푸는 지극히 초보적인 자유주의적 관심(예: 복지 급여와 인도주의적 원조)에 대한 공격과 기후 과학에 대한 공격을 근본적으로 동일한 활동으로 볼 수 있다. 즉, 이 두 가지 활동은 모두 문화적 장벽을 허무는 이데올로기 전쟁을 수행해 제약을 받지 않는 자본주의를 실현함으로써 인간과 자연의 서식 환경을 마음껏 파괴할 목적으로 행하는 시도라는 차원에서 동일한 것이라고 생각할 수 있다. 마르크스는《자본론》에서 이렇게 기록했다. '자본주의는 미국에서 발견한 금과 은, 광산에 매몰된 원주민 노예, 동인도제도 정복 및 약탈, 매매가 가능한 아프리카 흑인 노예 양성을 발판으로 발전했다.' 마르크스는 이와 같은 현상을 '본원적 축적'이라고 명명했는데, 본원적 축적은 자본주의가 위기에 빠질 때마다 다시 등장해 전 세계를 무대로 잔인한 축적 과정을 영원히 되풀이할 터였다. 마르크스와 로자 룩셈부르크는 인간과 자연이 타자화되어 파괴되어 간다고 맹렬히 성토하면서 '문명'에 대한 탄식을 쏟아놓았다.

　새로 출간한《대혼란: 기후 변화와 상상도 못할 일들 *The Great Derangement: Climate Change and the Unthinkable*》(2016)에서 아미타브 고시는 '기후 변화라는 지형에 자리 잡은 근본적인 단층선'에는 자본주의만 있지 않다고 올바르게 지적하면서 '상호 연결된 중요한 두 가지 흐름', 즉 자본주의와 제국주의에 대해 언급한다. 아미타브 고시는 제국주의 또는 제국을 '세계에서 가장 강한 국가들이 형성한 가장 강력한 일부 구조가 품은 지배욕'이라고 정의한다. 마르크스와 로자 룩셈부르크 역시 아미타브 고시와 마찬가지로 제국주의를 자본주의에 고유한 것으로 평가하면서 유럽(나중에는 미국)에 뿌리를 내리고 있는 이해관계를 수호하기 위해 지구를 휩쓰는 것이 제국주의 체계의 본질이라고 파악했다. 전 세계 어느 곳에 자리 잡은 시장이건 전 세계 어디에서 활동하는 상인이건 간에 '가장 강한 국가들'의 의지에 종속되지 않을 수 없었는데, 이 '가장 강한 국가들'의 소비가 지구의 나머지 국가들의 소비보다 훨씬 더 빠른 속도로 확장되기 때문이었다. 따라서 전 세계 인구의 5퍼센트에 불과한 미국이 전 세계 에너지의 4분의 1을 소비한다는 사실은 그리 놀랍지 않다. 한편 전 세계 인구 중 가장 가난한 10퍼센트가 민간 소비에서 차지하는 비중은 0.5퍼센트에 불과한 반면 전 세계 인구 중 가장 부유한 1퍼센트가 차지하는 비중은 59퍼센트에 달한다는 사실에는 놀라지 않을 수 없다. 이는 가장 가난한 사람들이 가장 부유한 사람들과 같은 수준으로 소비한다면 지구가 몇 개 더 있어도 그 소비를 모두 감당하기 어려울 것임을 알려 주기 때문이다. 생활방식과 힘의 격차가 불러올지 모르는 위기에 대처하기 위해 북반구에서는 여러 가지 대책을 강구하고 있다. 그중 대표적인 것이 크리스천 퍼렌티 Christian Parenti가 '무장한 구명정의 정치'라고 부른 대책으로, 무력을 동원해 자원을 독식하고 국경에 군대를 주둔시켜 내란을 꾸준히 진압함으로써 북반구라는 '구명정'을 안전하게 지킨다는 전략이다. 그러나 아미타브 고시는 이와 같은 해결책이 헛

된 생각에 불과하다고 주장하면서 그 이유를 이렇게 언급한다. '오늘날의 국가는 특정 영토 안에 거주하는 사람만으로 구성되어 있지 않다. 오늘날 국가의 토대는 국경을 넘나드는 상호 연관된 여러 세력이다.' 아미타브 고시가 쓴 이 책의 후기에서도 이와 같은 주장을 만나 볼 수 있다. 제국주의 또는 제국은 환상에 불과한 해결책을 활용해 위기에 대응하고 있다. 그 덕분에 국경의 장벽이 더 높아져 가고 국경을 둘러싼 전쟁이 더 치열해지는 형편이다. 하지만 해수면이 높아지면 전투기 같은 무기가 다 무슨 소용이겠는가?

무장한 구명정의 정치학이라는 전망에 동의하지 않는 자유주의자들은 조금 덜 폭력적인 해결책, 즉 보통 기술을 활용한 해결책을 선호한다. 이것이 이름하여 '녹색 자본주의'이다. 1919년 오스트리아 재무 장관을 역임한 조지프 슘페터Joseph Schumpeter 교수는 로자 룩셈부르크가 활동하던 시대로부터 한 세대 쯤 뒤인 1950년에 자본주의의 동학을 세밀하게 들여다본 뒤 자본주의에 내재한 '창조적 성공'이 자본주의를 한계로 내몰아 결국에는 자본주의가 붕괴될 가능성이 있다고 우려했다. 기업 간 경쟁으로 상품이 대량생산되지만(과잉생산) 노동자들의 임금은 제자리이거나 하락해 상품을 모두 소비할 수 없게 되면(과소소비) 기업이 파산하면서 자본주의 경제가 불경기에 빠지게 된다. 이때 자본주의의 동학을 재가동할 힘은 오직 기술적 해결책뿐이다. 조지프 슘페터는 이와 같은 과정을 '창조적 파괴'라고 부른다. 이는《정치경제학 비판 요강 *Grundrisse*》

---

* 《정치경제학 비판 요강 1~3》, 김호균 옮김, 그린비, 2007.

에서 '모든 장벽을 극복해야 할 대상으로 여기는' 자본주의에는 '자본주의를 제한하는 장벽을 넘어서려는 끝도 한도 없는 동력'이 있다고 기록한 마르크스의 입장과 일맥상통한다. 그러나 마르크스와 로자 룩셈부르크의 입장에서는 맹렬한 비난의 어조가 묻어나는 반면 조지프 슘페터의 무미건조한 문장에서는 문명이 최악의 본능을 극복할 역량을 지니고 있기를 바라는 기대감이 묻어난다. 바로 여기에서 조지프 슘페터의 오류가 드러난다. 조지프 슘페터는 기술적 변화가 자본주의에 내재한 문제를 해결할 것이라고 생각했지만 기술적 변화는 기계에 대한 의존도를 높여 실업을 양산하고 생산과 소비의 균형을 깨뜨린다. '녹색 자본주의'에 대한 논의도 같은 선상에서 생각해 볼 수 있는데, 문제는 풍력 터빈, 태양광 패널 같은 신기술의 가치가 충분하지 않다는 것이 아니라 이윤의 필요에 부응하는 자본주의 사회 체계가 사회의 필요에 부응하는 사회 체계로 변모할 가능성이 없다는 것이다. 예를 들어 화석연료 사용을 중단하고 녹색 에너지를 사용하는 방향으로 에너지 체계를 변경하는 데 필요한 대규모 투자를 시행하면 이윤이 줄어들 뿐 아니라 재산권을 침해하고 민간 투자를 위축시킬 수 있다. 게다가 기계에 대한 의존도가 높아지고 광업 같은 노동 집약적 부문에서 실업이 발생하면 고용을 새로운 시각에서 이해하려는 시도, 즉 굶어죽지 않는 수준의 임금이 아니라 생활이 가능한 임금을 지급해야 한다는 사회주의적 고용 이해 시도(그 논의의 중심에는 하루 6시간 근무제Six Hour Day와 국가 소득 보장제Guaranteed National Income가 자리 잡고 있다.)가 무산될 우려도 있다. 자본주의가 추구하는 끝없는 성장을 통한 이윤 확보라는 사고에 정면으로 도전하지 않으면 근본적인 전환을 이룰수 없다. 어설프게 대처하다가는 오히려 대규모 보조금 덕분에 이윤이 많이 나는 핵 에너지와 '청정 석탄'이 '녹색 에너지'로 둔갑하는 어처구니없는 현실에 직면하고 말 것이다.

나오미 클라인이 쓴 《이것이 모든 것을 바꾼다 *This Changes Everything*》*(2014)의 부제인 '자본주의 대 기후'는 문제의 핵심을 정확하면서도 단도직입적으로 보여준다. 즉, 자본주의가 파괴적인 동학을 지속해나가든지 아니면 기후, 즉 인간과 자연의 서식 환경이 살아남든지 둘 중 하나만 가능한 것이다. 나오미 클라인은 자본주의적 해결책으로는 기후 문제뿐 아니라 인간의 불평등 및 저개발 문제를 해결할 수 없다고 주장한다. 1979년 라울 프레비시Raúl Prebsich UN 무역개발회의Conference on Trade and Development 초대 사무총장은 이렇게 언급했다. "성장 속도를 높이면 모든 문제가 해결될 것이라고들 합니다. 그러나 그 생각이야말로 가장 큰 실수입니다." 성장의 혜택이 인구에서 차지하는 비중이 매우 낮은 극소수의 '특권 소비 사회'에게만 돌아가고 북반구에서 승인한 개발 계획은 '사회 구조의 변화'를 바라지 않는다고 안타까운 목소리로 지적한 라울 프레비시 사무총장은 '완전한 사회적 전환'이 반드시 필요하다고 덧붙였다. 한편 나오미 클라인은 기후를 지키기 위해서는 자본주의를 극복해야 한다고 강조한다.

---

* 《이것이 모든 것을 바꾼다》, 이순희 옮김, 열린책들, 2016.

오늘날의 경제는 인간을 비롯해 지구에서 살아가는 수많은 형태의 생명체와 전쟁을 벌이고 있다. 기후 붕괴를 피하는 데 필요한 활동은 인류의 자원 사용 행태와 모순을 일으키고, 경제 모델은 경제 붕괴를 피하기 위해 규제 받지 않는 확장을 요구한다. 문제는 두 규칙 중 하나만 바꿀 수 있다는 것인데, 자연의 법칙을 바꿀 수 없다는 것만은 분명하다.

악의적인 현실을 조성하는 자본주의와 자애로운 현실을 조성하는 기후의 이해관계가 선명하게 대립한다고 언급하면서 냉혹한 선택의 문제를 제기한 나오미 클라인은 양자택일을 요구한다. 애매한 태도는 용납되지 않는다. 애매한 태도는 자본주의의 파도에 휩쓸려 익사할 위기에 처한 남태평양 주민들에게 아무런 도움이 되지 못하기 때문이다.

남태평양 카나리아 제도

UN 총회장에서 키리바시Kiribati 공화국 대통령의 UN 세션 개회사를 듣고 있노라니 정신이 번쩍 든다. 테부로로 티토Teburoro Tito 대통령, 아노테 통Anote Tong 대통령, 타네티 마마우Taneti Mamau 대통령 등 키리바시의 역대 대통령들은 기후 변화의 결과로 절멸의 위기에 봉착해 있는 남태평양 도서島嶼 국가와 도서 문화의 대변인을 자처해왔다. 2012년 아노테 통 대통령은 이렇게 언급했다. "일부 마을은 이미 물속으로 가라앉았는

데, 이 현실을 벗어날 길이 없습니다." 아노테 통 대통령이 이 와 같은 언급을 하기 10여 년 전 아바누에아Abanuea 섬과 테부 아 타라와Tebua Tarawa 섬이 물속으로 사라졌고 테푸카 사빌리빌 리Tepuka Savilivili 섬에서는 염수화로 코코넛나무가 사라졌다. 태 평양 한가운데 자리 잡은 키리바시의 국가명은 1788년 보터니 만에 죄수를 내려놓고 중국으로 향하던 도중 키리바시가 속한 제도를 발견한 토머스 길버트Thomas Gilbert 선장의 성姓에서 유래 했다. 과거의 이름을 간직한 섬 가운데 하나인 아바누에아 섬 은 영원한 해변이라는 의미를 지녔음에도 1999년 해수면 상승 을 이기지 못하고 오랜 역사를 뒤로 한 채 물속으로 자취를 감 췄고 같은 해 길버트 제도에서는 섬 2개가 추가로 사라졌다. 그 뒤를 이어 솔로몬 제도에 속한 섬 5개(칼레Kale 섬, 라피타Ra- pita 섬, 레하나Rehana 섬, 카카티나Kakatina 섬, 졸리스Zollies 섬)도 사라 졌다. 이들은 모두 기후 변화의 희생자이다.

작은 섬들이 사라질 운명에 처한 것이다.

영원할 것만 같았던 해변을 간직한 아바누에아 섬은 카나 리아 제도에 자리 잡고 있었고 아노테 통 대통령에게 악몽을 선사했다. "잠 못 이루는 밤이 많았습니다. 해법이 없는 문제 와 씨름하고 있었기 때문입니다. 우리 문화가 사라질 것이라 고 생각하면 끔찍하기 짝이 없습니다."

2012년 5월 열린 UN 아시아 태평양 경제사회위원회Economic and Social Commission of Asia and the Pacific에서 태평양의 도서 국가들은 기후 변화와 그로 인해 자신들이 맞이하게 된 잔인한 운명에 대해 이야기했다. 톰 머독Tom Murdoch 키리바시 재무 및 경제개발 장관은 작은 도서 국가인 키리바시가 40만 제곱킬로미터 (배타적 경제수역의 11퍼센트)가 넘는 지역을 피닉스 제도 보호구역Phoenix Islands Protected Area(태평양에서 가장 넓은 해양 보호구역)으로 지정했다고 선언하면서 '태평양은 키리바시의 문화적 정체성의 근원'이라고 덧붙였다. 이어 톰 머독 장관은 이렇게 언급했다. "키리바시의 녹색 경제는 사실 **파란색**입니다. 다시 말해 키리바시는 태평양이라는 거대한 대양을 바탕으로 경제개발에 나서는 작은 도서 국가입니다. 따라서 키리바시는 태평양의 해양 환경을 지속 가능하게 관리하는 데 기여하고자 합니다." 지속 가능한 개발에 대해 논의한 UN 아시아 태평양 경제사회위원회에서는 체계를 전환해 작은 도서 국가들을 구해야 한다는 의견만 난무했을 뿐 작은 도서 국가들에게 해로운 영향을 미치는 기후 변화를 근본적으로 해결해야 한다는 언급은 나오지 않았다. 결국 2015년 톰 머독 총리는 선거에서 패배했다. 사람들은 알맹이가 빠진 공허한 구호에 불과한 '지속 가능한 개발'이 아니라 실질적인 조치, 즉 사회와 자연의 부를 제대로 조직하여 사람들의 삶을 윤택하게 만들 새로운 방식을 규정하는 새로운 협약을 원한 것이다.

로토알라 메티아Lotoala Metia 투발루 무역부 장관은 동료 공직자들에게 투발루가 현재 전적으로 의존하고 있는 화석연료 사용을 중단하고 2020년까지 재생에너지 사용으로 전환하는 데 온 힘을 기울이고 있다고 말했다. 사실 이와 같은 약속은 가당찮아 보인다. 왜냐하면 이와 같은 약속을 내거는 국가들은 사실 기후 변화에 거의 기여하지 않는 국가들이기 때문이다. 온실가스 배출 수치를 보고하는 전 세계 186개국 가운데 미국, 유럽연합, 중국이 상위 3개국을 차지한 반면 키리바시는 185위를 차지했다. 2011년 더반에서 열린 UN 기후 변화 협약에서 주요 환경 NGO들은 힐러리 클린턴 미 국무부 장관에게 편지를 보내 미국이 전 세계적 협상의 진전을 가로막는 '주요 장애물'이라고 지적했다. 심지어 유럽연합도 미국이 기후 문제와 관련된 '사실을 간과하고 있다고' 공개적으로 비판했다. 한편 미국 정부가 자유주의 세력의 손을 떠나 기후 문제 완화라는 생각 자체를 인정하지 않는 도널드 트럼프 대통령의 손으로 넘어간 오늘날 도널드 트럼프 정부의 국무 장관인 석유 재벌 렉스 틸러슨Rex Tillerson이 힐러리 클린턴 국무 장관보다 더 강경한 태도를 보일 것인지, 펜이 아니라 천공용 비트로 기후 협정에 서명하려 드는 것은 아닌지 관심이 모아지고 있다.

위키리크스가 폭로한 자료 가운데 하나에 따르면 미국은 더반 UN 기후 변화 협약의 막후에서 유럽과 결탁해 효과적인 기후 협정을 체결하려는 UN과 BASIC(브라질, 남아프리카공화국, 인도, 중국) 국가들의 노력을 무산시키려 했다. 버락 오바마 미 대통령이 기후 입법을 옹호한다고 공식 선언했었지만 버락 오바마 대통령이 이끄는 행정부는 원조 중단을 비롯한 온갖 더러운 잔꾀를 부려 코펜하겐과 더반에서 효과적인 기후 입법이 이루어지지 못하도록 훼방을 놓았다. 마이클 프로먼Michael Froman 미 국가 안보 부보좌관은 BASIC 국가들이 기후 협약에서 승리를 거뒀다는 사실을 부정하면서 BASIC 국가들이 얻은 정치적 추진력을 무산시키려 했다. 브뤼셀에서 마이클 프로먼

부보좌관은 이렇게 기록했다. 'BASIC 그룹이 국제 무대에서 매우 긴밀하게 협력하면서 미국/유럽연합이 추진하는 사업을 지연시키고 미국과 유럽연합이 서로 반목하도록 유도하고 있다는 점에 주목해야 한다. BASIC 그룹에 속한 국가들은 이해관계의 편차가 큼에도 단기적으로는 공동의 목표를 향해 함께 달려가고 있다. 따라서 미국과 유럽연합은 BASIC 그룹의 협력을 교훈 삼아 더 긴밀하게 협력하여 효과적으로 활동함으로써 제3세계 국가들의 의사 방해 시도를 제압하고 앞으로 도하 같은 기후 협약의 잔해나 금융 규제 개혁 같은 장벽에 부딪히지 않도록 사전에 조치해야 한다.'

단단한 모습으로 새롭게 재편된 남반구도 호락호락하지는 않았다. 남반구 국가 중 가장 큰 국가들로 구성된 BASIC 그룹은 기술 이전과 금융 지원을 탄소 감축의 전제 조건으로 규정하고 이와 같은 지원을 탄소에 의존하는 사회를 넘어 무탄소 문명으로 나아갈 '발판'으로 삼는다는 입장을 견지했다. 사실 BASIC 그룹이 대단한 열의를 보인 것은 아니었는데, BASIC 국가들 역시 빈곤 퇴치라는 미명하에 지구를 약탈하면서 극소수의 부유층에게만 실질적인 혜택이 돌아가는 탄소 개발에 의존하고 있기 때문이다. 그럼에도 북반구는 BASIC 그룹이 제시한 이 제한적인 요구조차 받아들일 수 없었다. 남반구의 요구를 수용하는 편보다 현재 운영 중인 지극히 작은 규모의 해외 원조 프로그램을 활용해 남반구의 연대를 무너뜨리려고 시도하는 편이 나을 터였기 때문이다. 2010년 볼리비아 주재 덴마크 대사는 볼리비아 라파스에 있는 미국 대리 대사에게 이렇게 말했다. "[안데르스 포그] 라스무센[Anders Fogh] Rasmussen 덴마크 총리는 [에보] 모랄레스[Evo] Morales 볼리비아 대통령과 그리 유쾌하지 않은 대화를 30분간 나눴습니다. 그 자리에서 모랄레스 대통령은 라스무센 덴마크 총리에게 [연간 3,000만 달러에 달하는] 양자 간 원조에 깊은 감사를 표하면서도 기후 변화 문제에 대한 입장을 바꿀 생각이 없다고 말했습니다. 이에 덴마크 총리는 코펜하겐 협정을 비난하는 선전전을 펼치면서 법적 대응을 이어나가고 있는 볼리비아와 ALBA[미주 대륙을 위한 볼리바르 동맹Bolivarian Alliance for the Peoples of Our America]만 보면 '진저리가 난다'고 응수하면서 앞으로도 계속 유럽연합을 조력자로 삼아 [볼리비아 정부의] 입장에 영향력을 행사할 방법에 대한 조언을 구할 것이라고 덧붙였습니다." 그러나 상황은 라스무센 총리의 바람과는 다른 방향으로 흘러갔다. 에보 모랄레스 대통령은 고집을 꺾지 않았고 북반구는 높은 수준을 유지하고 있는 일인당 화석연료 배출을 감축하고 남반구에 자금을 지원해 재생에너지로 이동하는 과정을 지원해야만 한다. 일인당 에너지 사용량 측면에서 볼 때 최상위 5개국은 미국, 러시아, 프랑스, 독일, 일본이고 남반구 국가들의 일인당 에너지 사용량은 북반구 주민의 일인당 에너지 사용량의 극히 일부에 불과하다. 따라서 북반구 관료들이 덮어두고 싶어 하는 치부를 에보 모랄레스 대통령이 헤집은 셈이 되었다.

작은 도서 국가들을 대변하는 코시 라투Kosi Latu 박사는 아노테 통 대통령처럼 낙담한 태도로 기후 논쟁의 방향이 잘못되었다고 불만을 토로했다. "태평양 한가운데에서 생활하는 작은 도서 국가에게 기후 문제는 [빈곤 감소와 녹색 기술] 그 이상의 문제, 즉 생존의 문제입니다. 기후 변화의 영향으로 태평양 도서 국가에서 생활하는 사람들은 살아갈 땅, 역사와 문화, 국가를 잃을 기로에 서 있습니다." 코시 라투 박사의 언급을 받아 적으면서 수천 년에 걸쳐 문화를 발전시켜 온 작은 도서 국가들이 몰락하고 있음에도 아무도 관심을 기울이지 않는다는 사실에 새삼 놀라지 않을 수 없었다. 태평양에 자리 잡은 섬이 하나 사라지면 그곳에서 생활하는 사람들이 쌓은 문화의 물질적 기초도 함께 사라진다. UN은 기후 난민이라는 개념을 정착시키기 위해 애쓰고 있는데, 섬이 사라질 때 살아남은 사람들은 '기후 난민'으로 전락할 가능성이 높고 이들은 뉴질랜드나 (작고한 대통령이 키리바시 주민을 환대했던) 잠비아로 향하게 될 것이다(뉴질랜드의 경우 최초의 '기후 변화 난민'으로 인정받으려 애썼던 이오아네 테이티오타Ioane Teitiota의 난민 신분을 인정하지 않으려고 최선을 다한 끝에 2016년 이오아네 테이티오타를 키리바시로 송환한 바 있다). 대부분의 '기후 변화 난민'은 나오미 클라인의 표현대로 이미 '타자화되어 화석연료 희생 구역에서 생활하고 있다.' 솔직히 나이지리아 해안 지역에 자리 잡은 마을이나 미크맥 족이 생활하는 마을의 운명에 관심을 기울일 사람이 몇 명이나 되겠는가?

키리바시 주민들의 삶이 변하고 키리바시의 기반이 송두리째 흔들릴 것이다. 본질적인 차원에서 말하자면 크게 문제될 일이 아니라고도 생각할 수 있다. 키리바시라는 이름이 토머스 길버트 선장의 이름에서 유래했고 키리바시 주민들이 문화적 상호 작용을 꺼리지 않은 것(아노테 통 전 대통령의 가족은 제2차 세계대전 이후 중국에서 건너왔다.)처럼 문화는 영원불변한 것이 아니기 때문이다. 물론 어느 곳에서든 사회 형태는 그곳에 사는 사람들의 삶과 상호 작용하면서 인간의 문화를 더욱 풍성하게 만들기 마련이지만, 지금 키리바시 주민과 인근 도서 국가의 주민들이 겪고 있는 사태는 정상적인 형식의 문화 교환이라고 보기 어렵다. 문제는 키리바시 문화의 근간을 이루는 사회적 기반이 소멸할 가능성이 높다는 점을 예견하면서도 절멸을 향해 속절없이 나아가고 있다는 점이다. 이와 같은 현실은 콜럼버스 일행과 마주친 아메리카 원주민이 맞은 문화 대학살에 필적할 만한 것이다.

'태평양에 자리 잡은 도서 국가'에서 미래를 꿈꿀 수 있을 것인가? 탄소 문명이 지금과 같은 속도를 유지한다면 그럴 수 없을 것이다. 높아지는 해수면은 육지를 넘보고 있다. 아바누에아 섬이 바다 속으로 자취를 감춘 1999년 키리바시 시인 제인 레스처Jane Resture는 이런 시를 남겼다.

먼 곳에서 맑고 파란 하늘에 연기를 뿜어 대니
세계가 죽어간다.
사람들은 그 이유를 알지도 못하고 관심도 없네.

자본주의가 종식된 지구의 미래

2016년 나오미 클라인은 런던에서 에드워드 사이드Edward Said 강연을 했다. 이 강연에서 나오미 클라인은 두 가지 주제, 즉 기후 문제와 (특히 팔레스타인을 중심으로 한) 점령 문제를 연계해 제시했다. 광범위한 주제를 넘나드는 인간미 넘치는 강연에서 나오미 클라인은 '타자화된' 사람들이 기후로 인한 재앙의 첫 번째 희생자가 될 것이라고 지적했다. 나오미 클라인의 강연을 듣는 순간 현재의 생산양식에 의해 이미 희생된 작은 도서 국가 주민들과 해안 저지대 주민들이 떠올랐다. 이 책은 나오미 클라인의 훌륭한 강연뿐 아니라 말레이시아에서 북미에 이르는 전 세계 곳곳에서 생활하면서 저술 활동을 하는 주요 작가들의 의견을 담은 책이다. 존 벨러미 포스터와 가산 하게의 글처럼 나오미 클라인의 강연을 직접 언급하는 내용도 있고 나오미 클라인의 통찰력에서 영감을 받은 내용도 있다. 예를 들어 라피아 자카리아는 파키스탄 카라치의 해안으로 독자를 인도하고 마스투라 알라타스는 말레이시아 여성의 히잡 착용 문제와 에어컨의 관계에 대해 성찰한다. 한편 샬리니 싱은 인도에서 벌어지고 있는 기후 전쟁에 대해 소개하고 수전 아불하와는 미국 노스 다코타 주에 자리 잡은 스탠딩 록 인디언 보호구역을 침범하는 '화석연료 희생 구역'에 대한 단상을 풀어놓는다. 한편 육두구와 정향에서 시작해 세계화, 상호 연결, 전환에 대한 중요한 통찰력을 제시하는 아미타브 고시의 성찰이 이 책의 마지막을 장식한다.

이 책의 서두를 장식한 브라질 시인 카를로스 드루몬드 지 안드라지의 시 〈꽃과 메스꺼움〉은 2016년 개최된 리우 올림픽 개막식에서 브라질 배우 페르난다 몬테네그로Fernanda Montenegro 와 영국 배우 주디 덴치Judi Dench가 각각 포르투갈어와 영어로 낭독한 것으로, 이 책의 제목인 아스팔트를 뚫고 피어난 꽃도 이 시에서 영감을 얻은 것이다. 이 시를 처음 읽었을 때 인도 동부에 자리 잡은 자르칸드 주州 자리아에서 아직도 불타오르고 있는 석탄이 떠올랐다. 1916년 석탄 광산 내부에서 시작된 화재가 한 세기가 지난 지금까지도 진화되지 않았는데, 이 불은 대기 중으로 탄소를 내뿜을 뿐 아니라 연기를 내뿜는 광산으로 일하러 들어가는 광부들(대부분 지역 원주민이고 아동도 다수 포함되어 있다.)이 오가는 지면의 온도를 높인다. 100여 년 동안 화재 진화에 손을 놓고 있었던 인도 정부는 이 지역에서 볼 수 있는 유일한 꽃인 지면 위로 솟아오르는 오색찬란한 연기 기둥을 방치하고 있는 상태이다. 물론 이 꽃은 카를로스 드루몬드 지 안드라지 시인이 그토록 고대한 아스팔트를 뚫고 피어난 꽃은 아니다.

이 책에 수록된 글들이 독자들에게 기후 재앙을 막는 부적으로, 아스팔트를 뚫고 꽃을 피우는 마법을 부리려는 시도로 다가가기를 바란다. 이 글들을 읽고 영감을 얻은 독자들이 직접 쓴 글이 마법의 힘을 담은 부적이 되어 모든 사람들을 거리로 나서게 만드는 원동력으로 작용하게 되기를 바란다. 그리고 거리로 나선 모든 사람들이 '지속 가능한 개발'이 아니라 그 이상의 무언가, 즉 새로운 세계를 요구하고 새로운 체계를 요구하며 인간과 자연 사이에 그리고 인간의 경제 체계와 인간의 사회적 꿈 사이에 새로운 계약을 체결할 것을 요구하게 되기를 바란다. 소설가 J. G. 발라드J. G. Ballard와 많은 부분에서 공감대를 형성했던 문학평론가 프레드릭 제임슨Fredric Jameson은 2003년 '자본주의가 종말을 맞이하기 전에 먼저 세계가 종말을 맞을 가능성이 높다는 말이 있다'고 기록했는데 이와 같은 언급이야말로 우리 시대의 진리임에 틀림없다. 소설, 영화, 텔레비전 드라마, 광고 카피는 자본주의가 사라진 미래 세계의 모습을 그리기보다 기후 변화로 인해 파괴된 지구의 미래 모습을 그리는 경향을 보인다. 이제 작가들의 과제는 지구가 종말을 맞이하기 전에 먼저 자본주의를 종식해야 한다는 생각을 불어넣는 일이다. 선택은 어렵지 않을 것이다.

익사하든지 말든지
더워져 가는 세계에서 자행되는 타자화라는 폭력

나오미 클라인

에드워드 사이드는 급진 환경운동가가 아니었다. 무역상, 장인, 전문가의 후손인 에드워드 사이드 스스로도 자신이 '땅과 직접적인 관계를 맺지 못한 팔레스타인 도시내기의 극단적인 사례'라고 언급한 바 있다. 에드워드 사이드가 《마지막 하늘 이후 *After the Last Sky*》에서 장 모르Jean Mohr의 사진에 대해 성찰한 부분에서도 이를 확인할 수 있다. 에드워드 사이드는 손님 접대에서부터 스포츠 및 실내 인테리어에 이르는 팔레스타인 사람들의 가장 사적인 생활상을 분석하면서, 집 안에 걸린 액자의 위치나 팔레스타인 아이들이 보인 당당한 태도 같은 아주 사소한 내용에서도 통찰력을 얻은 반면 들에서 일하면서 가축을 돌보는 팔레스타인 농부의 모습에 대해서는 구체적으로 언급하지 못했다. 이를테면 팔레스타인 농부들이 재배하는 작물은 무엇인지, 토양의 상태는 어떠한지, 물은 쉽게 사용할 수 있는지 같은 세세한 내용은 상세히 밝히지 못했던 것이다. '가난하고 병든 사람들, 이따금 화려하게 차려 입는 농부들, 전통을 고수하며 집단을 중요시하는 사람들의 존재에 대해 끊임없이 인식해 왔다'고 토로한 에드워드 사이드는 이와 같은 인식이 '신화'에 불과하다고 인정하면서도 그 인식을 버리지는 못했다.

농업이라는 세계와 무관하게 살아온 에드워드 사이드의 눈에는 대기 오염과 수질 오염 같은 문제에 목숨을 거는 사람들이 다른 행성에서 온 존재처럼 보였던 듯하다. 그는 동료인 롭 닉슨Rob Nixon에게 환경주의를 '대의명분이라고는 없는 급진 환경운동가들의 무례한 활동'이라고 언급하기도 했다. 그러나 에드워드 사이드처럼 중동의 지정학에 몰두하는 사람에게도 중동 지역이 직면한 환경 문제는 도저히 무시할 수 없는 문제였다. 중동 지역이 높은 기온과 물 부족, 해수면 상승, 사막화에 매우 취약하기 때문이다. 어느 기후 과학자는 최근 〈자연 기후 변화 Nature Climate Change〉에 수록된 논문을 통해 기후 과학자다운 직설적인 화법으로 온실가스 배출을 신속하면서도 급격하게 낮추지 못한다면 이번 세기 말 즈음에는 중동 지역 대부분의 '기온이 인간이 견딜 수 없는 수준으로 올라갈 것'이라고 예측했다. 그럼에도 중동 지역에서 환경 문제는 여전히 뒷전으로 밀려나 있거나 사치스러운 대의명분으로 취급받기 일쑤인데, 이는 환경 문제에 무관심하거나 환경 문제를 잘 몰라서가 아니라 당장 해결해야 할 더 큰 문제가 눈앞에 놓여 있기 때문이다. 즉 중동 지역을 위협하는 기후 변화의 영향은 일정 기간이 지난 후에야 나타날 터이지만 군사 점령, 공습, 구조화된 차별, 금수 조치 같은 과제는 당면한 과제인 것이다. 그리고 그 무엇도 당면한 과제보다 우선할 수는 없는 것이 현실이다.

에드워드 사이드의 눈에 환경주의가 부르주아의 놀이터처럼 보였던 이유는 여기에서 그치지 않는다. 이스라엘은 오랫동안 추진해온 국가 건설 사업을 녹색 껍데기를 둘러 포장해 왔다. 이와 같은 전략은 '땅을 되찾자'고 외치는 시온주의자들의 개척 윤리의 핵심을 이루었다. 이와 같은 맥락을 감안하면 토지 몰수와 점령에 가장 유용한 무기로 활용되기 쉬운 것이 바로 나무라는 사실을 알 수 있다. 이스라엘은 정착지를 건설하고 이스라엘 전용 도로를 내기 위해 수많은 올리브나무와 피스타치오pistachio 나무를 베어내는 한편 악명 높은 유대 민족 기금Jewish National Fund의 지원을 받아 팔레스타인 사람들이 사는 마을과 과수원에 소나무와 유칼립투스 숲을 조성해왔다. 유대 민족 기금은 '사막의 녹화綠化'를 표어로 내세우면서 1901년부터 지금까지 이스라엘에 2억 5000만 그루의 나무를 심었는데, 그 대부분은 이 지역의 토착종이 아니었다. 홍보 자료에는 유대 민족 기금이 숲과 물 관리, 공원과 휴식 문제에 전념하는 환경 NGO라고 소개되어 있지만 사실 유대 민족 기금은 이스라엘 최대의 민간 토지 소유주로, 복잡한 법적 소송에 수없이 휘말리면서도 유대인이 아닌 사람들에게는 토지를 빌려주거나 매각하지 않는 것으로 악명이 높다.

유대인 공동체에서 성장한 나는 기념일(바르 미츠바, 출생, 사망, 어머니의 날)마다 유대 민족 기금 나무를 구입하여 자랑으로 삼았다. 성인이 되고 나서야 나는 내가 구입해 심었던 기분을 풀어주는 침엽수들과 내가 다녔던 몬트리올 초등학교 벽을 장식했던 인증서들이 나무를 심고 돌보는 단순한 문제에 그치는 것이 아니라는 사실을 알게 되었다. 사실 이 나무들은 이스라엘의 공식적인 차별 체계를 웅변하는 빛나는 상징물이었다. 이와 같은 차별 체계가 유지되는 한 이 지역 사람들이 평화롭게 공존하기를 기대할 수는 없을 것이다.

녹색 식민주의

유대 민족 기금이 '녹색 식민주의'의 극단적인 사례이자 최신 사례인 것처럼 보이지만, 사실 녹색 식민주의는 새롭게 등장한 현상도 이스라엘에만 나타나는 현상도 아니다. 북미 대륙은 이미 오래전부터 아름다움을 간직한 야생을 보호 공원으로 지정한 후 원주민들이 대대로 사냥터와 낚시터로 사용해 온 땅에 접근하지 못하도록 막아 원주민들의 생존권을 위협한 아픈 역사를 간직하고 있다. 최근에는 이와 같은 현상이 탄소 상쇄 제도(배출된 이산화탄소 및 온실가스를 흡수하는 방식으로 배출을 감축하는 제도)와 관련된 활동으로 인해 나타나고 있는데, 환경 보호를 내세우는 단체들이 브라질에서 우간다에 이르는 지역에서 가장 폭력적인 방식으로 토지를 몰수해 탄소 상쇄지(배출된 이산화탄소 및 온실가스를 흡수할 수 있는 숲 등을 조성한 장소)로 바꿈으로써 이 지역에서 생활하는 원주민들의 생존권을 위협하고 있다. 전통적인 방식으로 숲에서 생활해온 원주민들의 생활 터전은 하루아침에 탄소 상쇄지라는 이름으로 바뀌었고 원주민들은 자신들의 생활 터전에 더 이상 접근할 수 없게 되었다. 그 결과 탄소 상쇄 시장은 '녹색'이라는 이름을 내걸고 완전히 새로운 수준의 인권 유린 현장을 창출했다. 이런 상황에서 공원 관리자들이나 민간 보안 업체 관계자들은 탄소 상쇄지로 탈바꿈한 자신들의 토지에 접근하려는 농민과 원주민들에게 물리적인 공격도 불사하는 실정이다. 급진 환경 운동가에 대한 에드워드 사이드의 부정적인 언급은 바로 이와 같은 맥락에서 이해되어야 할 것이다.

이것뿐만이 아니다. 에드워드 사이드 말년에 이스라엘은 팔레스타인 서안 지구를 둘러싸는 이른바 '분리 장벽'을 건설하고 광대한 지역을 점령하여 팔레스타인 노동자들에게서 일자리를 빼앗았고 팔레스타인 농민이 들에 나가지 못하게 막았으며 팔레스타인 환자들이 병원에 갈 수 없게 했고 팔레스타인 가족들을 강제로 뿔뿔이 흩어지게 만들었다. 인권이라는 차원에서 볼 때 장벽에 저항할 근거는 차고 넘쳤지만 당시 유대인 사이에서 흘러나온 가장 큰 반대의 목소리조차 인권 문제에는 귀를 기울이지 않았다. 오히려 예후디트 나오트Yehudit Naot 당시 이스라엘 환경부 장관은 '분리 장벽은 (…) 지형, 동식물상, 생태 회랑, 개울 배수 문제에 악영향을 미친다'는 보고서에 더 많은 관심을 기울이면서 이렇게 말했다. "장벽 건설을 막거나 늦추고 싶은 생각은 없습니다. 다만 그로 인해 환경 피해가 예상된다는 사실이 마음에 걸릴 뿐입니다." 훗날 팔레스타인 활동가 오마르 바르구티Omar Barghouti는 이렇게 관측했다. 예후디트 나오트 장관이 이끄는 '환경부와 국립공원 보호공단은 장벽 건설의 영향을 받을 붓꽃 보호구역을 지키기 위해 다른 보호구역을 조성해 붓꽃을 옮기는 등 온갖 노력을 기울이는 한편 [장벽에] 동물이 드나들 수 있는 생태 통로도 내고 있다.'

녹색 운동에 대한 냉소는 아마도 이와 같은 맥락에서 등장했을 것이다. 사람들은 자신의 목숨이 꽃이나 도마뱀의 목숨보다 경시되어 취급될 경우에 냉소적으로 변하는 경향을 보이기 때문이다. 그러나 거기에는 전 세계적 생태 위기의 이면에 놓여 있는 원인을 분명하게 밝혀 보이는 에드워드 사이드의 지적 유산도 큰 몫을 차지하고 있다. 에드워드 사이드가 남긴 지적 유산은 우리에게 현재의 운동 모델보다 훨씬 더 포괄적인 방식으로 대응할 것을 주문한다. 즉, 고통 받고 있는 사람들에게 전쟁, 빈곤, 조직적인 인종차별에 대한 관심을 한편에 치워두고 '세계부터 먼저 구하라'고 요구하는 대신 이와 같은 위기가 상호 연관되어 있는 방식과 가능한 해결책을 제시해야 한다는 것이다. 다시 말해 에드워드 사이드가 급진 환경 운동가들과 같이 이야기를 나눈 적이 없었다고 하더라도 급진 환경운동가들은 한시 바삐 시간을 내어 에드워드 사이드, 그 밖의 수많은 반제국주의 사상가 및 탈식민주의 사상가들의 통찰력을 전수 받을 필요가 있다는 것이다. 이와 같은 통찰력 없이는 이 위험한 공간에서 인류가 어떤 최후를 맞이하게 될 것인지 이해할 방법을 찾지 못하거나 아니면 이 상황을 타개하기 위해 필요한 전환이 무엇인지 파악할 방법을 찾지 못할 것이기 때문이다. 따라서 이제부터는 더워져 가는 세계와 관련해 에드워드 사이드의 글에서 얻을 수 있는 교훈이 무엇인지 완벽하지는 않겠지만 살펴보고자 한다.

타자화, 기후 변화

에드워드 사이드는 망명과 향수를 가장 뼈아프면서도 유려하게 이론화한 사상가 중 하나이지만 그가 품은 향수는 항상 강조했듯 급격하게 변해 버려서 이제는 실재하지 않는 고향을 향한 것이었다. 따라서 에드워드 사이드의 입장은 복합적이었다. 그는 복귀할 권리를 맹렬하게 옹호했지만 고향이 변함없다고 주장하지도 않았다. 문제는 인권 존중 원칙과 복원 정의의 필요성을 바탕으로 정책을 수립하고 행동에 나서야 한다는 것이다. 이와 같은 관점은 해안선이 침식되고, 여러 도서 국가가 높아진 해수면 아래로 사라지고 있으며, 생태계를 지탱하고 있는 산호초에 백화 현상이 일어나고, 북극의 기온이 높아지고 있는 오늘날과도 깊은 연관이 있다. 바로 이와 같은 현상들로 인해 오늘날 급격하게 변해 버린 고향, 심지어 더 이상 존재하지조차 않는 고향을 그리워하는 현상이 급속도로, 비극적으로 세계화되고 있기 때문이다. 2016년 3월, 해수면 상승이 생각했던 것보다 훨씬 더 빠른 속도로 진행될 가능성이 높다고 경고한 논문 2편이 발표되었다. 첫 번째 논문의 저자 가운데 한 명인 제임스 핸슨James Hansen은 세계에서 가장 존경받는 기후 과학자 가운데 하나로 현재의 배출 수준이 유지된다면 수천 년 뒤가 아니라 이번 세기 안에 '모든 해안 도시, 대부분의 대도시, 거기에 관련된 역사를 잃게 될 것'이라고 경고했다. 즉, 현재 나아가고 있는 경로를 과감하게 바꾸지 않는다면 전 세계 사람들 대부분이 더 이상 존재하지 않는 고향을 찾아 헤매게 될 것이라고 경고한 것이다.

에드워드 사이드는 사람들의 상상력을 자극해 그와 같은 현실을 떠올려 볼 수 있게 한다. 에드워드 사이드는 퇴거시키려는 필사적인 노력이 이루어지는 가운데 끊임없이 위험에 처하는 상황에서도 자신의 땅을 떠나지 않겠다는 의사를 굽히지 말라는 의미로 수무드sumud(결의)라는 아랍어 용어를 사용해서 이 용어의 대중화에 기여했다. 수무드는 주로 헤브론과 가자 지구 같은 장소와 결부된 용어이지만 피난하는 것이 아니라 기둥 위에 집을 지어 생활하는 루이지애나 주 해안 지역 주민이나 '익사가 아니라 투쟁할 것이다'라는 표어를 내세우고 있는 태평양 도서 국가 주민들에게도 동일하게 적용될 수 있는 용어이다. 마셜 제도, 피지, 투발루 같은 도서 국가 주민들은 해수면 상승으로 국가의 존립이 위태로운 상태에 놓여 있다는 사실을 잘 알고 있지만 마냥 손 놓고 이주 계획이나 수립하기를 거부하고 있다. 사실 이주 계획 수립도 물에 잠길 위기에 처한 도서 국가 주민들에게 기꺼이 국경을 열어줄 더 안전한 국가가 있어야 가능한 일이다. 그럼에도 기존 국제법에는 기후 난민에 대한 인식이 전혀 반영되어 있지 않은 실정이다. 태평양에 자리 잡은 도서 국가들은 전통 카누를 동원해 호주 석탄 운반선의 운항을 차단하고 국제 기후 협상에 참여해 훨씬 더 강도 높은 기후 행동을 요구하면서 회의 진행을 방해하는 등 해수면 상승에 적극적으로 저항하고 있다. 이와 같은 노력을 기울인 끝에 2016년 4월 체결된 파리 협정에서 기후 수무드를 행동 원칙으로 삼았다는 점은 반가운 일이다. 하지만 안타깝게도 그것만으로는 아직 충분하지 않다.

한편 이와 같은 교훈은 더워져 가는 세계와 관련해 에드워드 사이드의 글에서 얻을 수 있는 교훈 중 지극히 일부에 불과하다. '타자화' 연구의 거장인 에드워드 사이드는 '다른 문화, 다른 민족 또는 지정학적으로 다른 지역에 속한 사람을 무시하고 재단하며 발가벗기는' 것이 **오리엔탈리즘**이라고 규정하면서 타자를 확고하게 구축하고 나면 그 토대가 약화되어서 폭력적인 축출, 토지 절도, 점령, 침공 같은 온갖 불법 행위가 자행된다고 주장했다. 이는 상대방을 결정을 내리는 사람들과 동일한 권리를 가지는 동일한 인간으로 취급하지 않는 것이 타자화의 핵심이기 때문이다. 그렇다면 타자화와 기후 변화는 어떤 관련이 있는가? 아마 기후 변화의 거의 모든 측면이 타자화와 관련되어 있다고 해도 과언이 아닐 것이다.

세계는 이미 위험한 수준까지 더워져 있지만 이 추세를 멈추는 데 필요한 행동을 취하려는 정부는 없는 실정이다. 몰라서 그랬다는 변명이 통하던 시절도 있었지만 UN 산하 기후 변화에 관한 정부 간 협의체가 창설되고 기후 협상이 시작된 지 30년이 지난 오늘날에는 기후 변화의 위험성을 온전히 알면서도 행동을 취하지 않는 것이라고 보는 것이 타당하다. 한편 알면서도 행동을 취하지 않는 무모한 행태의 이면에는 은밀한 또는 노골적인 형태의 제도화된 인종차별, 오리엔탈리즘, 권력이 더 적은 사람들의 목숨을 낮잡아 보는 권력자들이 손에 쥔 강력한 도구가 자리 잡고 있다. 인간의 상대적인 가치를 따져 서열을 매기는 이러한 도구 덕분에 일부 국가와 고대 문화를 무가치한 것으로 폄하할 수 있었을 뿐 아니라 애당초 탄소를 파헤치는 일도 가능할 수 있었던 것이다.

기후 변화와 화석연료

기후 변화에 영향을 미치는 요인으로 화석연료 외에도 산업화된 농업과 벌목 같은 요인을 꼽을 수 있지만 역시 가장 큰 요인은 화석연료다. 화석연료의 진실은 매우 더럽고 유독하기 때문에 인간과 공간을 희생시킨다는 것인데, 이를테면 석탄 광산 광부는 폐와 건강을 잃었고 많은 사람들은 노천 광산과 석유 유출로 인해 토지와 물을 잃었다. 1970년대 미국 정부에 자문한 과학자들은 미국 내 일부 지역을 '국가 희생 구역'으로 지정해야 한다고 공식 언급하면서 지하에 땅굴을 파는 방법보다 '산봉우리를 제거'하는 방법이 더 저렴하다는 이유로 정상을 파헤쳐 석탄 광산을 조성한 애팔래치아 산맥을 여기에 포함시켰다. 이렇게 애팔래치아 산맥 정상에 석탄 광산을 조성했을 때에도 타자화 이론을 동원해 해당 지역 전체의 희생을 정당화했음에 틀림없다. 아마 해당 지역이 낙후되어 있고 그곳에서 생활하는 사람들이 빈곤하므로 그 지역 주민의 생명과 지역의 문화를 보호할 가치가 없다고 판단했을 것이다. 즉 '두메산골에 사는 촌뜨기'가 언덕 같은 자연 환경의 안위 따위를 걱정할 리 없다는 논리가 작동했을 것이다. 한편 이와 같은 방식으로 채굴한 석탄을 전기로 변환하는 과정에도 또 다른 타자화 논리가 동원되어야 했는데, 이번에는 발전소와 정유 공장 인근 지역 도시 주민들이 그 대상이 되었다. 북미에서는 화석연료에 집단 중독된 사람들이 유발한 유독한 부담을 유색인종, 흑인, 라틴계 사람들이 주로 모여 사는 공동체에서 강제로 떠안았다. 그 결과 해당 공동체 주민들의 호흡기 질환 및 암 발병률이 높아진 것으로 나타났다. 기후 정의 운동은 바로 이와 같은 유형의 '환경적 인종차별주의'에 저항하는 과정에서 등장했다.

화석연료 희생 구역은 전 세계 곳곳에 포진해 있다. 나이저 델타Niger Delta의 경우 엑손 발데즈Exxon Valdez가 매년 유출하는 석유에 오염되어 있다. 나이지리아 정부의 손에 살해된 켄 사로 위와Ken Saro-Wiwa는 살아생전에 이를 두고 '생태적 집단 학살'이라고 규정하면서 공동체 지도자들을 처형한 것도 '모두 쉘Shell을 위한 일'이었다고 주장한 바 있다. 내 나라 캐나다의 경우 앨버타 주에서 특수한 형태의 중유인 타르샌드tar sand 채굴을 결정한 순간 대영제국이 캐나다 원주민과 맺은 조약, 즉 이들이 조상에게 물려받은 땅에서 사냥과 낚시를 하면서 전통적인 방식으로 생활할 수 있는 권리를 보장하는 조약을 파기한 것이나 다름없게 되었다. 토지가 훼손되고 강이 오염되며 무스와 물고기에 종양이 생기면 이와 같은 원주민의 권리는 유명무실해지기 때문이다. 더 큰 문제는 타르샌드 산업이 호황을 맞으면서 노동자들이 몰려와 벌어들인 돈의 대부분을 지출하는 포트 맥머리Fort McMurray가 이글이글 끓는 공간으로 변모했다는 점인데, 덥고 건조해진 포트 맥머리에는 과거의 모습을 떠올릴 수 있는 것이 하나도 남아 있지 않은 실정이다.

이 정도로 극적인 경우가 아니라고 하더라도 이와 같은 유형의 자원 추출은 토지와 물에 상당한 피해를 입혀 토지와 불가분의 관계에 있는 생활방식과 문화를 파괴하기 때문에 폭력적인 형태를 띤다고 할 수 있다. 원주민과 원주민 문화를 떼어놓으려는 캐나다 정부의 정책은 원주민 아동을 가족으로부터 강제로 분리해 원주민 언어 사용과 문화 활동을 금지하며 신체적 폭력과 성폭력이 만연한 공립학교에 보냄으로써 실현되었는데, 최근 발간된 진실과 화해 보고서에서는 이와 같은 활동을 '문화 대학살'이라고 규정했다. 토지, 문화, 가족으로부터 강제로 분리된 경험에서 유발된 정신적 외상은 오늘날 많은 원주민 공동체를 피폐하게 만드는 절망과 직접적으로 연관되어 있다. 그와 관련된 한 가지 사례로 2000여 명이 거주하는 애터워피스켓Attawapiskat 공동체에서 2016년 4월의 어느 토요일날 하룻밤 사이에 11명이나 되는 주민이 자살을 시도한 사건을 꼽을 수 있다. 당시 전통적인 공동체의 영역에서 다이아

몬드 광산을 운영한 드비어스DeBeers는 모든 채굴 사업이 그러하듯 희망과 기회를 약속했다. 정치인들과 전문가들은 '떠나면 될 일 아닌가?'라고 반문했고 실제로 많은 원주민들이 공동체를 등졌다. 그 결과 캐나다 원주민 여성 수천 명이 도시에서 살해되거나 실종되었다. 그러나 언론 보도는 엄연히 존재하는 여성에 대한 폭력과 대부분 화석연료 추출에 관련된 토지에 대한 폭력 사이의 연관성을 거의 짚어내지 못했다. 한편 토착민의 권리에 대한 UN 선언United Nations Declaration on the Rights of Indigenous People에서 규정한 원주민의 권리에는 채굴 사업이 국가의 경제 성장에 기여를 하더라도 채굴 사업의 진행을 거부할 권리가 포함되어 있다. 그렇기 때문에 새로 출범하는 모든 정부는 원주민의 권리를 존중하는 새 시대를 열겠다고 약속한다. 하지만 변하는 것은 아무 것도 없다. UN 선언이 원주민에게 보장한 권리라고 하더라도 성장이 종교이고 생활 방식인 시대에는 그 권리가 별 문제가 아닐 수 있기 때문이다. 따라서 캐나다의 매력적인 신임 총리는 한술 더 떠 물이 오염되고 기후가 더욱 불안정해질 것을 염려한 원주민 공동체가 반대 의견을 표명했음에도 이를 무시하고 새로운 타르샌드 송유관을 건설하기로 결정했다.

화석연료로 인해 희생 구역이 필요해질 때마다 희생 구역을 신속하게 제공하는 체계를 구축할 수 있었던 배경에는 희생의 존속을 정당화하는 지적知的 이론, 즉 명백한 운명Manifest Destiny에서 무주지無主地, 오리엔탈리즘에 이르는 이론 및 낙후된 두메산골에 사는 촌뜨기와 낙후된 지역에 사는 원주민 개념을 바탕으로 성립된 이론이 자리 잡고 있다. 기후 변화의 책임을 '인간 본성', 인간의 탐욕, 인간의 근시안적 행동 탓으로 돌리는 말이나 인류가 전 지구적 차원에서 자연을 대폭 변형했으므로 오늘날을 인류의 시대를 의미하는 인류세人類世로 불러야 한다는 말 또한 종종 듣곤 한다. 현재 인류가 처한 상황을 이와 같은 방식으로 설명하는 이론의 이면에는 인간이 본질적으로 이와 같은 위기를 유발하는 경향을 내포하는 본성을 지닌 단일 유형의 존재라는 묵시적인 의미가 자리 잡고 있다. 따라서 누군가 창출했지만 또 다른 누군가는 강력하게 저항했던 체계, 즉 자본주의, 식민주의, 가부장제 같은 체계가 이와 같은 설명을 통해 모든 책임에서 완전히 자유로워지는 한편 다른 방식으로 삶을 조직했던 체계, 인간이라면 모름지기 일곱 세대 앞을 내다보아야 한다고 주장했던 체계, 훌륭한 시민이 되어야 할 뿐 아니라 훌륭한 조상이 되어야 한다고 주장했던 체계, 필요한 만큼만 취하고 나머지는 토지에 되돌려주어 재생 주기를 보호하고 극대화해야 한다고 주장했던 체계는 이와 같은 진단을 통해 그 존재가 완전히 지워지게 되었다. 즉, 기후 위기를 '인간 본성'의 위기로 규정하고 오늘날의 사람들이 '인류의 시대'를 살아간다고 규정하는 한 과거뿐 아니라 현재에도 존재하는 이와 같은 체계는 그 존재가 지워지고 말 것이다. 문제는 2016년 3월 토지 수호자 베르타 카세레스Berta Cáceres의 목숨을 앗아 간 온두라스 괄카르케 수력발전 댐 공사와 같은 대형 사업이 시행될 때마다 이와 같은 체계가 공격을 받는다는 것이다.

　일각에서는 자원 추출이 환경에 반드시 나쁜 방향으로만 작용하는 것은 아니라고 주장한다. 즉 인간은 청정한 방식으로 자원을 추출할 능력을 가지고 있으므로 모든 자원 추출이 온두라스의 괄카르케 수력발전 댐, 나이저 델타의 석유 유출, 캐나다 앨버타의 타르샌드 사례와 같은 방식으로 이루어지는 것은 아니고, 저렴하고 쉬운 방법으로 화석연료를 얻을 수 없을 경우에만 수압파쇄 공법과 타르샌드 추출 방법을 활용하게 된다는 것이다. 그러나 결국 가장 큰 위험을 국내 및 해외의 타인에게 떠넘겨 외부화하는 방식으로 산업 시대에 처음 맺은 악마와의 거래에 도전하려는 시도가 성공할 가능성은 점점 더 희박해지고 있다. 예를 들어 희생 구역이 확대되면서 안전한 지역을 찾아 볼 수 없게 된 영국에서는 수압파쇄 공법으로 인해 고풍스러운 풍경이 사라질 위기에 처해 있다. 따라서 타르샌드 추출 과정에서 발생할 수 있는 다양한 문제를 보고 경악하는 데 그치는 것이 아니라 청정하고 안전하며 유독하지 않은 방식으로는 화석연료를 동력으로 삼는 경제를 운영할 수 없을 뿐 아니라 앞으로도 운영할 수 없을 것이라는 사실을 인정해야 한다.

화석연료와 오리엔탈리즘

　평화적인 방식은 있을 수 없다는 증거가 넘쳐난다. 문제가 구조에 있기 때문이다. 풍력과 태양력 같은 재생 가능한 형태

48

의 에너지는 광범위하게 분포되어 있는 반면 화석연료는 특정 지역에 집중적으로 매장되어 있다. 안타깝게도 화석연료 매장지는 항상 다른 민족이 장악한 국가에 자리 잡고 있기 마련이다. 특히 가장 강력하고 가장 가치가 높은 화석연료인 석유 덕분에 아랍과 이슬람교를 타자화하는 오리엔탈리즘 계획이 석유에 의존하는 인간 문명에 그림자처럼 따라다니게 되었다. 그 결과 인간은 기후 변화라는 역류와 필연적으로 마주하게 되었다. 1970년대 에드워드 사이드가 기록한 것처럼 이슬람교 국가와 아랍 민족을 이국적이고 원시적이며 피에 굶주린 타자로 취급하게 되면, 이들이 석유를 자신의 이익을 위해 통제해야 한다는 정신 나간 생각을 하지 못하도록 막기 위한 전쟁과 쿠데타를 일으키기가 훨씬 수월해진다. 실제로 민주적으로 선출된 무함마드 모사데크Muhammad Mossadegh 정부가 영국-이란 석유회사Anglo-Iranian Oil Company(오늘날의 BP)를 국유화하자 1953년 영국과 미국은 힘을 모아 무함마드 모사데크 정부를 전복했고 그로부터 정확히 50년이 지난 2003년 이들은 다시 합작하여 이라크를 불법 침공해 점령했다. 이 두 번의 개입과 이렇게 확보한 석유를 성공적으로 태우는 과정에서 유발된 반향은 세계에 큰 충격을 안겼고 오늘날 중동은 화석연료가 유발한 폭력과 화석연료를 태우는 과정에서 유발된 영향에 사로잡혀 있는 형편이다.

최근 발간한《갈등의 해안 The Conflict Shoreline》에서 이스라엘 건축가 에얄 와이즈만Eyal Weizman은 획기적인 이론을 제기해 이와 같은 세력이 교차하는 방식을 설명한다. 에얄 와이즈만은 그동안은 중동과 북아프리카 사막의 국경이 주로 연평균 강수량이 200밀리미터(관개를 하지 않고 곡물을 대량으로 재배할 수 있는 최소 강수량)인 이른바 '건조 지대'를 기준으로 정해져 왔다고 설명한다. 그러나 기상학을 토대로 한 이와 같은 경계가 불확정적인 탓에 이스라엘이 '사막의 녹화綠化'를 시도하거나 가뭄이 일어나 사막이 확장되는 등 다양한 이유로 경계가 오락가락해왔고, 이제는 기후 변화로 인해 가뭄이 극심해진 탓에 이와 같이 변화무쌍한 국경선에 온갖 유형의 영향이 추가로 나타날 가능성이 높은 상태다. 에얄 와이즈만은 이와 같은 국경선에 자리 잡은 시리아의 다라Daraa 지역을 예로 든다. 2011년 내전이 일어나기 전 시리아에 찾아온 기록적인 극심한 가뭄으로 인해 다라의 수많은 농민이 난민으로 전락했고 그 과정에서 일어난 시위가 2011년 시리아 내전을 촉발하는 기폭제가 되었다. 가뭄이 갈등을 유발한 유일한 원인이었던 것은 아니지만 150만 명의 사람들이 국내에서 난민으로 전락하는 데 영향력을 행사했음에는 틀림없다. 오늘날 건조 지대에서는 높은 기온과 물 부족 현상으로 인해 갈등이 유발되는 상황이 반복되면서 갈등이 심화되는 양상을 보이고 있다. 가뭄, 물 부족, 치솟는 기온, 군사 갈등이 일어나는 지역은 모두 리비아, 팔레스타인에서 아프가니스탄과 파키스탄의 피비린내 나는 전장에 이르는 건조 지대에 걸쳐 있다.

한편 에얄 와이즈만은 '믿기 어려운 우연의 일치'도 발견했다. 서구 국가가 투입한 드론이 타격한 지역을 지도에 표시해보면 '파키스탄 남와지리스탄에서 예멘 북부, 소말리아, 말리,

이라크, 가자 지구, 리비아에 이르는 지역에서 이루어진 대부분의 드론 공격이 연평균 강수량이 200밀리미터에 불과한 건조 지대나 그 인근에 집중되어 있다'는 사실을 파악할 수 있을 것이다. 기후 위기가 형성한 잔혹한 지형을 시각화하려는 에얄 와이즈만의 참신한 시도로 완성된 지도에서 드론 공격이 집중된 지역을 확인할 수 있는데, 이는 틀림없는 사실이다. 10여 년 전 작성된 미국 군사 보고서에도 '중동에서는 (풍부한) 석유와 (부족한) 물이라는 두 가지 자원에 주목해야 한다'는 기록이 남아 있다. 미국이 이와 같은 사태를 일찌감치 예견하고 있었다는 사실을 확인할 수 있다. 즉, 과거에 서구 국가의 전투기가 풍부한 석유를 따라다녔다면 가뭄으로 인해 갈등이 고조되는 오늘날에는 서구 국가가 투입한 드론이 물 부족 지역에 어김없이 나타난다.

전투기 폭격이 석유를 따라다니듯 드론 공격은 가뭄을 따라다닌다. 따라서 전투기와 드론이 지나간 자리에는 전쟁과 가뭄으로 피폐해진 건조 지대에 자리 잡은 자신의 집을 버리고 떠나온 난민을 가득 태운 보트가 어김없이 나타난다. 한편 이와 같은 난민에게는 전투기 폭격과 드론 공격을 정당화하는 관념, 즉 타자를 인간으로 취급하지 않는 타자화 관념이 적용된다. 따라서 안전을 바라는 난민들의 소망은 우리에 대한 위협으로, 난민들의 필사적인 탈출은 군에 대한 공격으로 인식되는 형편이다. 이와 더불어 서안 지구와 그밖의 점령 지역에서 정교화된 전술이 북미와 유럽으로 전파되고 있다. 예를 들어 도널트 트럼프 대통령은 '장벽이 제 기능을 다하는지는 이스라엘에 물어보면 알 수 있다'는 말로 멕시코와 접한 국경 지역에 건설할 장벽을 정당화하는가 하면, 칼레에 난민 캠프가 차려지고 수천 명이 지중해에 빠져 목숨을 잃는 상황에서도 호주 정부는 독재 정권과 전쟁을 피해 달아난 사람들을 나우루Nauru, 마누스Manus 같은 외딴 섬에 조성한 난민 캠프에 구금하는 형편이다. 나우루에 수용된 난민들의 현실이 얼마나 절망적인지, 지난 달(2016년 4월)에는 이란 출신 난민 한 명이 전 세계의 이목을 끌기 위해 분신해 목숨을 잃었고 그 며칠 뒤에는 소말리아 출신 21세 여성 난민이 분신해 목숨을 일었다. 그러나 말콤 턴불Malcolm Turnbull 호주 총리는 '난민의 사망을 애도하지 않을 것이고 호주의 번영을 위해 냉정하고 결연한 태도로 대처할 것'이라고 경고한다. 나우루의 난민 캠프와 관련해 루퍼트 머독Rupert Murdoch이 소유한 어느 신문에 실린 칼럼을 기억할 필요가 있다. 이 칼럼은 지난 해 케이티 홉킨스Katie Hopkins가 주장한 것처럼 영국이 '호주 문제에 개입할' 때가 되었다고 선언하면서 '전함을 투입해 난민을 제 집으로 돌려보내고 보트를 불태워야 한다'고 주장했다. 다른 측면에서 생각해보면 태평양 도서 국가인 나우루는 해수면 상승에 매우 취약한 상태다. 즉, 지금은 고향이 난민을 수용하는 감옥으로 변모해 가는 모습을 지켜보고 있지만 머지않아 나우루 주민들이 난민으로 전락할 가능성이 높다. 오늘은 난민을 감시하는 간수의 신분이지만 내일은 기후 난민의 신분이 되어 버릴 것이다.

기후 변화에서 타자화 체계에 대한 문제 제기로

나우루에서 일어나고 있는 일 역시 동일한 논리를 바탕으로 이루어지고 있기 때문에 우리는 이 일에 대해 생각해보아야 한다. 흑인과 유색인종의 삶에 별다른 가치를 부여하지 않기 때문에 흑인이나 유색인종이 파도 아래로 가라앉든지 죽든지 말든지, 구금 센터에서 더위에 시달리다 죽든지 말든지 상관없다는 태도를 보이는 문화에서는 흑인과 유색인종이 생활하는 국가가 바다 아래로 가라앉든지 말든지, 건조한 지역에서 더위에 시달리다가 국가로서의 기능을 상실하게 되건 말건 별 상관하지 않을 것이다. 그리고 그와 같은 일이 일어나면 인간을 서열화하는 이론들, 즉 자기 자신만을 최우선시해야 한다고 주장하는 이론들은 이와 같은 끔찍한 결정을 합리화하는 일에 앞장설 것이다. 이미 암암리에 이와 같은 합리화가 이루어지고 있다. 사람들은 궁극적으로는 기후 변화가 인류 전체의 생존을 위협할 것이라고 생각하지만 단기적으로는 빈곤한 사람들, 즉 허리케인 카트리나가 휩쓸고 지나간 뉴올리언스에서 지붕 위에 올라가 구조를 기다리는 사람들이나 남아프리카와 동아프리카를 강타한 가뭄으로 인해 굶주리고 있는 3600만 명(UN 자료)의 사람들이 기후 변화의 영향을 가장 먼저 그리고 가장 강도 높게 받는다는 사실을 잘 알고 있다.

기후 변화는 미래가 아닌 당장 해결해야 할 비상 사태이지만 기후 변화에 대처하는 사람들의 태도는 느긋하기만 하다. 파리 협정에서 저지하기 위해 노력하기로 결의한 기온 2도 상승이라는 목표는 무모하기 짝이 없다고 할 수 있다. 그렇기 때문에 2009년 코펜하겐 협정에서 이와 같은 목표가 발표되자 아프리카 국가를 대표하는 대표자들은 이를 '사형 선고'라고 표현했고 저지대에 위치한 도서 국가들은 '생존을 위해서는 목표를 1.5도로 낮춰야 한다'는 표어를 내걸었던 것이다. 그 덕분에 마지막 순간에 각국이 '기온이 1.5도 이상 올라가지 못하도록 저지하기 위한 노력'을 기울일 것이라는 조항을 파리 협정에 추가하기는 했지만 이 조항은 구속력이 없을 뿐 아니라 거짓말에 불과하다. 왜냐하면 이와 같은 노력을 기울이는 국가가 없기 때문이다. 오히려 이와 같은 약속을 내걸고도 각국 정부는 수압파쇄 공법을 더 많이 적용하고 타르샌드 개발을 한층 더 강화하고 있는 형편이다. 그렇기에 기온이 1.5도는커녕 2도 이상 올라가지 못하도록 저지하기도 벅찬 실정이다. 이런 일이 벌어지는 이유는 세계에서 가장 부유한 국가에서 생활하는 가장 부유한 사람들이 기후 변화가 미치는 가장 큰 영향을 자신들 대신 누군가가 짊어질 것이기 때문에 자신들의 신상에는 문제가 없을 것라 생각하고, 혹시 기후 변화의 영향이 자신들에게까지 미치더라도 누군가 자신들의 신상을 돌봐줄 것이라고 생각하기 때문이다.

만일 이들의 생각이 틀렸다면 상황은 더욱 추악한 방향으로 치닫게 될 것이다. 사실 인류는 2015년 12월에서 2016년 1월 사이 영국을 강타해 16000가구가 침수되었던 홍수를 통해 미래의 모습을 잠시나마 생생하게 경험한 바 있다. 게다가 홍수 피해를 입은 공동체들은 12월의 기록적인 폭우를 견뎌야 하는 어려움에만 처했던 것이 아니라 정부가 공공 기관과 수해 대책 수립의 최전선에 서 있는 지방의회를 가차 없이 공격해왔다는 사실과도 직면하게 되었다. 따라서 정부의 그릇된 정책 방향에 불만을 품고 이를 바꾸고 싶어 하는 영국인들이 많은 것이 당연한 일이다. 영국인들은 영국 국민을 돌보는 데 집중해야 하는 영국 정부가 난민과 해외 원조에 자금을 투입하는 이유에 대해 묻지 않을 수 없었다. 이를테면 〈데일리 메일 Daily Mail〉은 '해외 원조 따위는 잊어야 한다'고 주장했고 〈텔레그래프 Telegraph〉는 사설을 통해 '영국에도 치수治水가 문제로 떠오르고 있는 상황에서 영국 납세자들이 해외의 치수 문제를 해결하는 데 필요한 자금을 내야 하는 이유는 무엇인가?'라고 따져 물었다. 어쩌면 영국이 석탄을 태워 가동하는 증기 엔진을 처음 발명해 지구상의 그 어떤 나라보다 더 오랫동안 산업적 차원에서 화석연료를 태운 일에 대한 벌을 받고 있는 것일지도 모르지만, 이와 같은 이야기는 주제를 벗어나는 것이므로 이쯤에서 접어두겠다. 핵심은 영국이 겪은 홍수가 기후 변화의 영향이 모든 사람에게 미치므로 모든 인류가 한마음으로 연대하여 기후 변화에 대처하지 않으면 안 된다는 사실을 확인하는 계기가 되었다는 점이다. 하지만 지금까지 인류가 기후 변화에 대처해온 방식은 그와 같지 않았다. 그 이유는 현재의 경제 모델 및 정치 모델에서는 기후 변화가 더 더워지고 더 많은 비를 뿌리는 문제에만 관련되는 것이 아니고, 이 모델들이 더 비열해지고 더 추악해지는 상황과도 관련되기 때문이다.

이 모든 내용을 통해 얻을 수 있는 가장 중요한 교훈은 기후 위기를 오로지 기술 관료적인 문제로만 취급해서는 안 된다는 것이다. 즉 기후 위기는 긴축과 민영화, 식민주의와 군국주의, 이 모든 체계를 떠받치는 데 필요한 다양한 타자화 체계라는 맥락에서 살펴보아야 할 문제인 것이다. 한편 이와 같은 체계들은 고도로 연결되어 서로 교차하고 있지만 이와 같은 체계들에 저항하는 세력은 서로 단절되어 각자 활동하고 있는 형편이다. 이를테면 긴축 반대 운동을 펴는 사람들은 기후 변화 문제에 큰 관심을 보이지 않고 기후 변화 문제에 관심을 보이는 사람들은 전쟁이나 점령에는 별다른 반응을 보이지 않는다. 또한 미국 도시의 거리나 경찰서 유치장에서 흑인의 목숨을 앗아 가는 총기 사용과 건조 지대에서 생활하는 수많은 흑인과 전 세계를 떠도는 위험천만한 난민 보트에 몸을 실은 수많은 흑인들의 목숨을 앗아 가는 더 큰 규모의 폭력을 연계해서 생각하는 경우도 드문 것이 현실이다.

어디에나 고향은 있다

이와 같은 단절을 극복하고 다양한 쟁점과 다양한 운동을 하나로 묶어내는 흐름을 강화하는 일이야말로 사회 정의 및 경제 정의에 관심을 가지고 있는 사람들이 가장 먼저 해결해야 할 과제일 것이라고 생각한다. 강력한 대항 권력을 형성하지 않으면 현상을 유지하기가 점점 더 어려워지는 상황에서 이윤을 최대한 지켜내려는 세력에 대항해 승리를 거머쥘 수 없을 것이다. 기후 변화는 불평등, 전쟁, 인종차별 같은 사회의 병폐를 더 심화시키는 역할을 하는 동시에 사회 정의 및 경제 정의를 수호하기 위해 활동하는 세력과 군국주의에 저항하는 세력의 힘을 북돋는 역할도 하고 있다. 물론 기후 변화는 과학을 토대로 보았을 때 확고하게 정해진 시한을 향해 달려가면서 인류라는 생물종의 생존을 위협한다. 기후 변화가 모든 사람이 고유한 가치를 지니고 있다는 믿음을 바탕으로 사람이든 장소든 가리지 않고 희생 구역을 요구하는 현실에 맞

섬으로써 여러 유형의 강력한 운동을 하나로 묶어 내어 단결된 힘을 발휘하려는 노력을 촉발하는 단순한 기폭제의 역할만을 수행하는 데 그치고 말지도 모를 일이다. 현재 인류는 서로 중첩되고 서로 교차하는 수많은 위기에 봉착해 있고, 이 모든 위기를 단 한번에 해결할 방법은 없는 상태이다. 따라서 인류에게는 온실가스 배출을 급격하게 줄이는 동시에 노동조합 활동이 보장되는 양질의 수많은 일자리를 창출할 뿐 아니라 기존의 자원 추출 경제에서 배제되고 극심한 착취에 노출되어 있는 사람들에게 의미 있는 정의를 실현할 통합된 해결책이 필요하다.

미국이 이라크를 침공한 해에 세상을 떠난 에드워드 사이드는 죽기 전 이라크 석유부가 충직하게 지켰던 도서관과 박물관이 약탈당하는 모습을 지켜보아야 했다. 그러나 이와 같은 잔혹 행위를 목도하는 와중에도 에드워드 사이드는 전 세계에서 일어난 반전 운동과 기술 덕분에 새롭게 등장한 풀뿌리 수준에서 벌어지는 활발한 의사소통에서 희망을 보았다. '대안 뉴스를 접하면서 얻은 정보로 무장한 채 전 세계 곳곳에 자리 잡은 대안 공동체의 존재, 환경 문제, 인권 문제, 이 작은 지구에서 인류를 하나로 묶어주는 자유주의적 충동에 대한 선명한 인식'이라는 기록을 남긴 에드워드 사이드는 심지어 급진 환경운동가들에게서도 희망의 불씨를 보았다. 최근 영국에서 일어난 홍수 사태를 다룬 글을 살펴보는 과정에서 에드워드 사이드가 남긴 언급을 떠올렸는데, 희생양을 만들고 그들에게 손가락질하는 상황이 조성되는 가운데 언론이 영국의 홍

수 사태를 이용해 외국인 혐오 정서를 부추기는 모습을 보고 격분한 리암 콕스Liam Cox가 쓴 글을 보게 되었다.

나는 요크셔 헵던 브리지에 산다. 홍수로 인해 큰 피해를 입은 지역 중 하나라서 모든 것이 물에 젖은 상태다. 그러나 (...) 나는 살아 있다. 나와 내 가족은 안전하다. 아무도 두려움에 떨지 않고 모두가 자유롭게 생활한다. 머리 위로 총알이 날아다니는 것도 아니고 공중에서 폭탄이 떨어지는 일도 없다. 집을 버리고 도망쳐야 하는 것도 아니고 세계에서 가장 부유한 나라로부터 따돌림을 당하는 것도 아니며 그 나라 주민들의 비난에 시달리는 것도 아니다.

외국인을 혐오하는 바보들, (...) '자신만의' 필요를 위해 돈을 써야 한다고 생각하는 멍청이들은 거울 앞에 서서 반성해야 한다. 내가 과연 품위 있고 고귀한 인류인지 (...) 자문해보라. 고향은 영국에만 있는 것이 아니다. 고향은 전 세계 어느 곳에나 있다.

마지막 문장은 정말이지 주옥같다.

제3의 자연
생태학과 제국주의에 대한 에드워드 사이드의 입장

존 벨러미 포스터

나오미 클라인은 에드워드 사이드의 저술에서 생태학적 암시가 거의 무의식적으로 수없이 등장할 뿐 아니라 이러한 암시가 저술 구조의 토대 가운데 일부를 구성한다고 주장하는 뛰어난 강연문을 통해 에드워드 사이드의 저술 표면에 드러난 부분 이면에 생태학적 주제가 항상 자리 잡고 있으면서 그가 품었던 저항의 감정에 영향을 미쳤다는 사실을 드러냈다. 바로 이와 같은 독법이야말로 에드워드 사이드의 유명한 '대위법적 읽기'의 완벽한 사례가 아닐 수 없다.* 에드워드 사이드

---

* 에드워드 사이드의 '대위법적 읽기' 개념은 음악에서 차용한 것이다. 에드워드 사이드는 소설 속 가족이 누리는 부의 토대로 등장하는 식민지 노예를 부리는 사탕수수 플랜테이션을 사실상 줄거리와 직접적인 관련을 맺지 않으면서도 플롯의 구조를 형성하는 존재로 자리매김하는 제인 오스틴의 소설

60

가 팔레스타인의 유산을 물려받은 인물일 뿐 아니라 팔레스타인과 남반구 전역에서 이루어지고 있는 투쟁과 밀접하게 연관되어 있는 인물이라는 사실을 감안할 때 나오미 클라인의 주장은 전혀 놀라운 것이 아니다. 한편 나오미 클라인은 에드워드 사이드의 저술에 대한 이와 같은 이해를 생태제국주의에 적용해 가뭄에 시달리는 팔레스타인에서부터 기후 변화로 인한 해수면 상승으로 바다에 잠길 위기에 처한 태평양 도서 국가에 이르는 전 세계 곳곳에서 나타나는 지구 체계의 위기에 대해 논평한다. '익사하든지 말든지'라는 냉소적인 제목은 바로 이와 같은 태평양 도서 국가의 현실을 반영한 것이다.

《맨스필드 파크 Mansfield Park》에 대위법적 읽기 개념을 적용했다. [《맨스필드 파크》, 류경희 옮김, 시공사, 2016.] 에드워드 사이드는 이렇게 설명했다. "실용적인 용어인 '대위법적 읽기'는 저자가 예를 들어 식민지에 자리 잡은 사탕수수 플랜테이션을 영국에서 생활하는 사람들이 영위하는 특정한 생활방식을 유지하는 과정에서 중요한 요소라고 제시하는 경우 거기에 관련된 내용이 무엇인지를 이해하는 글 읽기 방식이다. (...) 대위법적 읽기의 핵심은 제국주의가 진행되는 과정과 제국주의에 저항하는 과정을 모두 고려해야 한다는 점에 있는데, 이는 기존의 독법을 확장함으로써 가능하게 된다." 제국주의의 현실을 감추는 현상이 식민 문학뿐 아니라 탈식민 문학에도 등장한다고 말하는 사람도 있겠지만 에드워드 사이드의 저술은 제국주의가 자행하는 폭력과 제국주의로 인해 사람들이 물리적으로 겪는 혼란이 무엇인지 드러낸다. 나오미 클라인은 에드워드 사이드의 저술에 대위법적 읽기를 적용하여 에드워드 사이드의 저항 사상 깊숙한 곳에 생태적 암시가 자리 잡고 있다는 사실을 드러낸다. Edward Said, *Culture and Imperialism* (New York: Vintage, 1993), p. 66을 참고하라. [《문화와 제국주의》, 박홍규 옮김, 문예출판사, 2005, 156쪽.]

한편 에드워드 사이드가 말년에, 특히《문화와 제국주의 *Culture and Imperialism*》를 통해 생태 논의에 직접 뛰어들었다는 사실을 인식할 필요가 있다. 이와 같은 사실은 나오미 클라인의 논거를 강화하는 근거가 되었으면 되었지 나오미 클라인의 주목할 만한 주장에 흠집을 내지는 않는다. 아무튼 에드워드 사이드가 생태 문제를 직접적으로 다뤘다는 사실은 그리 놀라운 일이 아닌데, 예리한 제국주의 문화 비평가인 에드워드 사이드가 제인 오스틴에서 예이츠에 이르는 작가들의 글에 등장하는 식민지 및 탈식민지에 대한 에두른 언급의 배경을 형성하는 데 생태학이 미친 영향을 알아차리지 못했을 리 만무하기 때문이다. 에드워드 사이드는 반제국주의 저항 문학을 역사적 맥락에서 검토하는 과정에서 생태학적 주제를 특히 강하게 의식했는데, 그보다 더 중요한 사실은 에드워드 사이드가 기존의 일반적인 논의에 머무르지 않고 자신만의 독창적인 통찰력을 제시했다는 사실이다. 에드워드 사이드는 앨프리드 크로스비Alfred Crosby가 지은《생태제국주의 *Ecological Imperialism*》*를 토대로 다음과 같이 설명했다.

유럽인들은 어디를 가든 해당 지역의 서식 환경부터 바꾸기 시작했다. 유럽인들은 해당 지역을 자신들이 떠나온 곳과 같은 모습을 가진 장소로 변모시키려 했다. 수많은 식물, 동물, 작물과 건축 기법을 동원해 식민지를 새로운 공간으로 차츰 탈바꿈시키는

* 《생태제국주의》, 안효상 옮김, 지식의 풍경, 2000.

과정에는 끝이 없었는데, 결국에는 새로운 질병, 환경 불균형, 혼란이 일어나 지배를 당하는 원주민들에게 정신적인 상처만 남기고 말았다. 한편 생태학의 변화와 동시에 정치 체계에도 변화가 찾아왔다.[*]

식민지의 생태를 식민 통치자들이 살던 곳의 모습과 동일한 모습으로 재창조하는 일은 제국주의 권력이 전 세계 대부분에 남긴 불균등 발전과 결부되어 있다. 에드워드 사이드는 마르크스주의 지리학자 닐 스미스Neil Smith의 저술에 대해 언급하면서 제국주의가 '대도시의 중심지를 필두로 모든 공간을 상품화하는' 과정의 정점에 자리 잡고 있다고 보았다.[**] 그리고 이와 같은 과정은 핼퍼드 매킨더Halford Mackinder 같은 사상가의 저술에서 확인할 수 있는 제국주의의 지정학적 이데올로기를 통해 정당화되었다. 해퍼드 맥킨더는 이 과정을 비옥도, 상이한 생태권역, 상이한 기후, 상이한 민족이라는 각국의 조건에 따른 결과로 파악했다.[***]

에드워드 사이드의 논의에서 가장 중요한 것은 헤겔, 마르크스, 루카치가 '이차 자연'이라고 부른 것, 즉 인간의 생산 과

---

[*] *Culture and Imperialism*, p. 225. [국역 436쪽.]

[**] *Culture and Imperialism*, p. 225. [국역 436쪽.]
Neil Smith, *Uneven Development* (Athens: University of Georgia Press, 2008). [《불균등발전》, 최병두, 이영아, 최영래, 최영진, 황성원 옮김, 한울, 2017.]

[***] 매킨더에 대한 자세한 내용은 John Bellamy Foster, 'The New Geopolitics of Empire', Monthly Review 57, no. 8 (January 2006), pp. 1-18을 참고하라. ['제국의 새로운 질서', 추선영 옮김. http://secondthesis.blog.me/221356838208]

정으로 인해 변형된 결과 나타난 '일차 자연'과는 대치되는 이 개념에 대한 에드워드 사이드의 입장이다. 에드워드 사이드는 제국주의에 대한 저항이라는 입장을 견지하면서 이와 같은 이 차 자연은 **제국주의 이차 자연**임에 틀림없다고 설명했다. 일 차 자연으로 돌아갈 길은 없었다. 따라서 과거 존재했던 자연 을 (부분적으로나마) 복원하고 새로운 방향에서 인간과 자연의 관계를 설정하려면 **삼차 자연**을 창조할 필요가 있었다.

반제국주의는 외부인들이 세계의 주변부에 터를 잡고 살아가는 사람들의 고향을 빼앗아 자신들의 목적에 맞게 사용해왔다고 주장한 다. 따라서 원시 자연 또는 역사 이전 시대의 자연으로 돌아가는 것 이 아니라(예이츠는 '낭만적인 아일랜드는 사라지고 없나니' 하고 노 래한 바 있다.) 현재 박탈당한 자연으로부터 **삼차** 자연을 탐색, 발견, 발명 또는 확인할 필요가 있다. [땅을 재배치해] 지도를 다시 작성하 려는 충동 가운데 가장 두드러진 사례는《장미 *The Rose*》에 수록된 예 이츠의 초기 시, 칠레의 풍광을 노래한 네루다의 다양한 시, 앤틸리 스 제도를 노래한 세제르Césaire의 시, 파키스탄을 노래한 파이즈Faiz 의 시, 팔레스타인을 노래한 다르위쉬Darwish의 시를 꼽을 수 있다.

얼굴색을
몸의 온기를
심장의 생기와 눈빛을
빵에 넣을 소금을 그리고 어머니 (...) 지구를 복원하라[*]

---

[*] *Culture and Imperialism*, pp. 225-226. [국역 437쪽.]

혁명적 반식민주의는 항상 땅과 생태의 복원이라는 주제를 내세워 왔다. 이와 관련해 에드워드 사이드는 이렇게 관측했다. '저항 문화가 해결해야 할 첫 번째 과제는 토지를 수복해 이름을 다시 짓고 그곳에 다시 터를 잡고 살아가는 일이었다. 그러면 주권을 되찾고 생태가 회복되며 정체성을 재확립할 수 있을 터였다. 그러나 이 모든 것은 그야말로 이상을 토대로 한 예견에 불과했다.' 이와 같은 방식으로 에드워드 사이드는 주변부에서 이루어지는 생태적 저항에 시적 측면과 미적 측면이 있음을 지적했다. **삼차 자연**의 필요성에 입각한 저항 문화가 형성되면서 주변부에서는 '반대'와 함께 지구와의 대안적 관계를 지향하는 새로운 혁명적 생태학이 수면 위로 떠올랐다. 즉, '제국의 지배를 받는' 현재의 '공간'을 더 발전한 새로운 사회적 공유물로 변화시키려는 것이다.[*]

'고향'을 빼앗는 과정에 대한 에드워드 사이드의 설득력 있는 설명은 마르크스가 논의한 시초('이른바 본원적') 축적과 마르크스가 '공유지 강탈'('토지를 경작하던 농민의 징발'을 동반한다.)이라고 부른 현상의 진행 과정을 재구성한 것으로 보인다. 또한 에드워드 사이드는 제국주의가 '토지로부터 소외시킴으로서 그곳에서 생활하는 사람들을 고유한 전통으로부터 소외시키는' 과정에 대해 언급하면서 마르크스가 논의한 자연의

Mahmoud Darwish, *Splinters of Bone* (Greenfield Center, New York: Greenfield Review Press, 1974), 23.

[*] *Culture and Imperialism*, pp. 67, 226, 239. [국역 161, 437쪽 이하.]

소외도 재구성한 것으로 보인다.*

　에드워드 사이드의 이 모든 논의는 생태적 염원에 보다 급진적인 의미를 부여했다. 즉, 저항을 촉구하고 새로운 문화적 현실을 창조하도록 촉구하려면 인간과 지구, 인간과 노동, 인간과 공동체의 연계, 과거의 전통 회복이 없어서는 안 될 역할을 수행해야 하는 것이다. 에드워드 사이드는 전 세계 곳곳에서 투쟁하는 사람들이 지구를 징발, 탈취, 강탈당했다고 느끼고 지구가 소외되었음을 인지하며 과거와 단절되었다고 생각한다는 사실을 파악했다. 이와 같은 소외의 정서는 특히 제국주의의 멍에를 벗어던지기 위해 애쓰는 사람들 사이에서 두드러지게 나타났다. 에드워드 사이드는 루카치가 저서 《소설의 이론 _The Theory of the Novel_》에서 '초월성 상실'에 대해 논의하면서 '소설 속 영웅은 모두 (...) 상상 속 잃어버린 세계의 복원을 시도한다'고 주장했다고 지적했는데, 이와 같은 주장은 균열을 치유할 수 없었던 19세기 사회의 깊은 소외를 반영하는 것이었다.**

　《문화와 제국주의》는 학술서인 동시에 현 시대에 이루어진 투쟁의 기록이다. 대부분의 지면을 18세기와 19세기 영국

---

* Karl Marx, _Capital_ (London: Penguin, 1976), pp. 877-885, _Early Writings_ (London: Penguin, 1974), pp. 318-19. [《자본론 1 하》(개역판), 김수행 옮김, 비봉, 2015. 982쪽 이하. 《칼 맑스 프리드리히 엥겔스 저작선집 1》, 최인호 외 옮김, 박종철출판사, 1997. 66~68쪽.]
Culture and Imperialism, pp. 33 and p. 225. [국역 100, 437쪽.]

** _Culture and Imperialism_, pp. 156-67. [국역 313쪽 이하.]
Georg Lukács, _The Theory of the Novel_ (Cambridge: MIT Press, 1971), pp. 35 ff. [《소설의 이론》, 김경식 옮김, 문예출판사, 2014, 35쪽 이하.]

66

문학에 할애하고 있음에도, 《문화와 제국주의》는 저항을 토대로 20세기를 바라보면서 더욱 전 세계적인 관점을 제시한다. 바로 이 지점에서 에드워드 사이드는 오늘날 전 지구적 차원에서 나타나고 있는 생태적 위험을 규명하고 생태학이 아래로부터 이루어지는 전 세계적 반란을 결집하는 데 중요한 역할을 수행한다는 사실을 파악했다. 에드워드 사이드는 ("자연의 죽음"이라고 불려온 문제를 비롯한) 현 시대의 위기와 변화를 몰고 오는 '어마어마한 규모의 전 세계적 세력'에 대해 언급한다. 이와 같은 맥락에서 에드워드 사이드는 이렇게 주장했다.

> 거의 모든 곳에서 동의하는 두 가지 사항은 개인의 자유를 보호해야 한다는 것과 지구 환경이 더 이상 추락하지 않도록 지켜야 한다는 것이다. 지역적 맥락에 연계되어 있고 수많은 구체적인 싸움터를 양산하는 민주주의와 생태학은 거대한 배경에 맞서고 있다. 국가와 민족을 위해 투쟁하든 산림 파괴와 지구 온난화 문제를 위해 투쟁하든 관계없이 (흡연 또는 에어로졸 분무기 사용과 같은 사소한 활동으로 구체화되는) 개인적 정체성과 일반적 틀 사이의 상호작용은 매우 직접적이어서 유서 깊은 예술, 역사, 철학 관습으로는 해결할 수 없는 것처럼 보인다. (...) 오늘날 그보다 더 신뢰할 수 있는 것은 투쟁이 이루어지고 있는 전선에서 보내오는 보고서이다. (...) 따라서 경제, 사회, 정치 구조를 우리 시대에 걸맞게 재편해 전 세계적 차원에서 상호 의존하고 있는 인간의 선명한 현실에 부합하도록 만드는 것이 주요 과제라 할 수 있다.[*]

---

[*] *Culture and Imperialism*, p. 330. [국역 618~619쪽.]

에드워드 사이드가 전 세계적 차원의 **삼차 자연**, 즉 인간과 지구 그리고 실질적인 평등이 이루어지는 세계 사이의 지속 가능한 관계를 반영하는 새로운 문화적–물적–현실의 창조를 촉구하고 있다는 사실에는 의심의 여지가 없다. 물론 이와 같은 현실은 마르크스가 그렸던 연합된 생산자 사회와도 밀접하게 관련된다.[*]

에드워드 사이드는 이와 같은 변화를 위한 인적 자원과 문화 자원이 **탈제국주의**를 추구하는 주변부에서 가장 먼저 등장할 것이라고 생각했다. 그렇지 않으면 인류는 의미 있는 미래를 기대하기 어려울 터이다. 영구적으로 추방당한 존재라는 감정을 안고 있었던 에드워드 사이드는 이와 같은 개인적인 경험을 바탕으로 인간 해방이라는 대안적 이상을 이끌어냈다. 에드워드 사이드는《문화와 제국주의》의 마지막 단락에 이렇게 기록했다. '인류는 역사를 써내려가듯 문화와 민족 정체성을 창조한다. (…) 사실 생존은 사물 사이의 연계에 관한 것이다.'[**] 따라서 오늘날의 세계를 단절시키는 사회적, 생태적, 문화적 균열을 반드시 치료해야만 한다.

---

[*] 마르크스의 생태학적 사회주의 개념에 대한 자세한 내용은 John Bellamy Foster, 'Marxism and Ecology', Monthly Review 67, no. 7(December 2015), p. 4.를 참고하라.

[**] *Culture and Imperialism*, p. 336. [국역 628쪽.]
Karl Marx, *The Eighteenth Brumaire of Louis Bonaparte*(New York: International Publishers, 1991), p. 15와 비교하라. [《루이 보나파르트의 브뤼메르 18일》, 최형익 옮김, 비르투, 2012, 17쪽 이하.]

민족 '타자화'와 환경 '타자화'의 관계에 대한 단상

누군가 페이스북에 남긴 글을 보고 나오미 클라인의 에드워드 사이드 강연을 접하게 되었다. 그 글을 읽고 나자 흥분과 안타까움이 동시에 일어났다. 한동안 연구에 몰두했던 주제인 인종차별과 생태 위기 사이의 관계를 다룬 내용이어서 기쁘기 그지없었는데, 특히 이토록 작은 지면에 중요한 핵심 쟁점들을 상당히 많이 담아내면서 동시에 이와 관련된 독창적인 생각을 제시함으로써 이 분야가 연구 분야로서 손색이 없다는 사실을 입증했다는 사실만으로도 놀라움을 금할 수 없었다. 하지만 바로 그런 이유로 안타까움도 느낄 수밖에 없었는데, 나오미 클라인의 글을 접한 시점이 하필이면 이 주제를 다룬 원고를 폴리티 프레스Polity Press 출판사에 넘긴 직후였기 때문이다.[*] 원고를 넘기기 전에 나오미 클라인의 글을 읽었더라

---

[*]   Ghassan Hage, *Is Racism an Environmental Threat?*, Polity Press, 2017.

면 관련된 내용을 원고에 반영할 수 있었을 터였으므로 안타까울 수밖에 없었다. 그랬기에 비자이 프라샤드가 나오미 클라인의 글에 대한 논평을 부탁했을 때 무척 반가웠다. 나오미 클라인의 생각을 되짚어보면서 나의 입장을 정리해 다른 사람들과 공유할 수 있는 기회였기 때문이다.

강연에서 제시한 핵심 주장 가운데 하나를 통해 나오미 클라인은 에드워드 사이드의 '타자화' 연구를 생태 위기 이해에 접목할 가능성을 부각한다. 이와 관련해 나오미 클라인은 이렇게 기록한다.

(…) 타자를 확고하게 구축하고 나면 그 토대가 약화되어서 폭력적인 축출, 토지 절도, 점령, 침공 같은 온갖 불법 행위가 자행된다고 주장했다. (…) 그렇다면 타자화와 기후 변화는 어떤 관련이 있는가? 아마 기후 변화의 거의 모든 측면이 타자화와 관련되어 있다고 해도 과언이 아닐 것이다.

'거의 모든 측면'이라는 표현에 십분 동의한다. 이 표현은 내가 이례적으로 중요하다고 생각하는 내용, 즉 '타자화된 사람들'에 대한 침공, 점령, 지배, 착취와 '타자화된 자연'에 대한 침공, 점령, 지배, 착취가 본질적으로 연관되어 있다는 사실을 지적하기 때문이다.

생태 위기는 그 정의상 모든 것을 아우르는 개념이다. 생태 위기는 생태 위기로 범주화된 그 순간부터 생태 안에 자리잡은 모든 것과 관련되는데, 생태 위기를 '환경 위기'라고 부르는 이유도 바로 여기에 있다. '환경적인 것'으로 여겨지는 그 순간부터 위기는 특정한 x 또는 y와 관련을 맺는 특정한 위기가 아니라 x 또는 y와 관련을 맺을 수 있는 환경 그 자체의 위기가 된다. 2015년에 레바논에서 벌어진 쓰레기 수거 대란을 예로 들어보자. 레바논의 쓰레기 수거 대란은 레바논의 경제 및 정치 분파들 사이에서 벌어진 극심한 경쟁 논리 때문에 복잡하게 얽혀 있는 쓰레기 처리 체계가 붕괴되면서 시작되었다. 쓰레기 수거가 이루어지지 않자 사람들이 아무데나 쓰레기를 버리면서 가뜩이나 오염되어 있는 환경이 더 오염되기 시작했다. 이내 거리는 악취로 가득 찼고 산과 바다 풍경은 보기 싫게 변했으며 강은 오염되었다. 사방을 쓰레기가 점령한 탓에 생활이 불편해졌을 뿐 아니라 질병이 발생할 위험도 높아졌다. 상황이 이렇게 되면서 '쓰레기 처리'는 관리되지 않는 쓰레기의 문제로 끝나는 것이 아니라 사회 전체의 분위기를 좌우하는 문제로 떠올랐다. 쓰레기 수거 대란은 사람들의 업무 방식, 사람들의 기분, 아동의 놀이터, 사람들이 먹는 음식, 음식을 먹는 장소, 운동 방법, 운동하는 장소 등 온갖 것에 영향을 미쳤다.

오늘날 전 세계가 직면하고 있는 '환경 위기' 역시 그 정의상 모든 것을 아우르는 특징을 지닌다. 그리고 바로 그런 이유 때문에 모든 사회 현상에는 환경 위기와 관련될 가능성이 **항상** 뒤따른다. 그러나 이와 같은 관점에서 보면 환경 위기와 인종차별의 관계와 환경 위기와 주가 등락의 관계 사이에는 아무런 차이가 없게 되는데, 이 둘의 교차 여부와 관계없이 이

둘에 관련된 과정에 대해 생각해 볼 수 있는 이유는 바로 환경 위기가 모든 것을 아우르는 특징을 지니고 있기 때문이다. 이때 이 둘 사이의 관계는 외부적이면서 결합되는 것이다. 그러나 나오미 클라인은 타자화 형태의 공통성 문제를 제기함으로써 상이하고 내부적이며 훨씬 더 밀접한 관계가 가능할 수 있다는 전망을 제시한다. 바로 이 지점에서 인종차별과 생태는 불가분의 관계에 놓이게 된다. 이 둘의 공통점과 이 둘의 상호작용은 결합되어 있지 않지만 본질상 서로의 일부를 구성하기 때문이다.

에드워드 사이드와 마찬가지로 나오미 클라인은 타자화를 특히 지배와 착취를 실행하는 것을 바탕으로 하는 범주화 과정이라고 지적한다. 이를 통해 드문 경우를 제외하고 '타자화'는 기본적으로 추상적인 수준의 활동이 아니라는 사실을 가장 먼저 확인할 수 있다. 타자화는 항상 권력과 (과정을 내포하는) 수단의 관계에 물들어 있다. 따라서 타자화가 이루어졌다는 사실뿐 아니라 정확히 어떤 유형의 타자화가 어떤 방식으로 이루어졌는지에 대해서도 주의 깊게 살펴야 한다. 나는 《인종차별은 환경 위협인가? *Is Racism an Environmental Threat?*》에서 인종차별주의자들이 사람을 동물에 빗댄 은유를 자연/환경이라는 가상과 인간/인종이라는 가상이 만나는 다양한 접촉점 가운데 하나로 활용하는 사례를 살펴보면서 시간의 흐름에 따라 아랍의 이슬람교도를 타자화하는 지배적인 표현 방법이 '바퀴벌레'에서 '늑대'로 변화해 갔다는 사실을 지적한 바 있다. 물론 이와 같은 변화가 절대적인 것은 아니어서 아직도 이슬람교도를 '바퀴벌레'라고 부르는 인종차별주의자도 많은 실정이지만 이슬람교도를 '늑대'라고 부르는 사례가 증가하고 있다는 것만큼은 분명하다. 인종차별주의자들은 예로부터 지금까지 근절 대상이던 바퀴벌레와 늑대를 타자화 범주를 은유하는 단어로 사용함으로써 그 의미를 표현하고 있다. 하지만 바퀴벌레와 늑대를 바라보는 시선은 동일하지 않다. 바퀴벌레라는 표현을 쓸 때는 위에서부터 아래를 내려다보는 시선을 사용하지만 '늑대를 타자화 방식으로서 사용하는 경우'에는 보다 '수평적인' 시선이 사용된다. 이와 같은 세부 사항에 주목함으로써 타자화 과정에 새겨진, 니체에 따르면 '권력 의지'에 다가갈 수 있다. 타자화 과정을 사회학적으로, 문화적으로 차별화할 수 있는 방법은 다양하다. 위에 제시한 사례는 나오미 클라인이 연결고리를 만들어 열어젖힌 중요한 영역을 드러내는 단순한 사례에 불과하다. 이와 같은 영역은 우리가 생태 위기와 인종 위기를 '다루기 힘들고 통제할 수 없을' 뿐 아니라 '압도적인' 존재로 마주하는 일이 잦아지는 '타자'를 수용하는 과정처럼 이해하려고 할 때 특히 중요한데, 바로 그러한 이유로 내가 '입장 바꿔 보기'라고 부른 활동에 주목해야 한다. 이와 같은 역지사지를 통해 인간이 자신을 자연에 의해 압도당하고 지배되는 존재라고 생각해 볼 기회를 갖게 되고, 유럽 백인들이 자신을 자신들이 식민화한 민족에 의해 식민화된 존재라고 생각해 볼 기회를 갖게 되기 때문이다.

인종차별 타자화와 생태 타자화 사이에 존재하는 공통점을 찾은 뒤 두 번째로 확인할 수 있는 사실은 이 둘이 공유하고 있는 범주화와 실천의 생성 원칙을 확인할 필요가 있다는 것이다. 바로 이 지점에서 나오미 클라인이 제시한 성찰이 중요하게 작용하는 것으로 보인다. 나오미 클라인은 인종차별과 생태를 파괴하는 활동의 이면에 자리 잡은 생성 원칙이 무엇인지 물은 뒤 해답을 찾을 수 있는 명확한 방향을 제시한다. 나오미 클라인은 사람들이 중요한 원칙으로 제시하는 '인간의 시대', 즉 '인류세'라는 용어를 탐욕 또는 인간의 근시안적인 본성을 일반화하는 용어와 동일한 의미로 파악한다. 인류세라는 용어를 사용하게 되면 인간의 공통 생성 원칙을 찾아야 하는 지점인 '자본주의, 제국주의, 가부장제' 같은 사회 체계를 인간이 창조한 것이라고 말할 수 없게 된다. 나오미 클라인은 인류세 따위의 용어를 사용함으로써 이와 같은 체계들이 '모든 책임에서 완전히 자유로워질' 뿐 아니라 현존하는 모든 대안 체계 즉, '인간이라면 모름지기 일곱 세대 앞을 내다보아야 한다고 주장했던 체계, 훌륭한 시민이 되어야 할 뿐 아니라 훌륭한 조상이 되어야 한다고 주장했던 체계, 필요한 만큼만 취하고 나머지는 토지에 되돌려주어 재생 주기를 보호하고 극대화해야한다고 주장했던 체계'의 존재를 지워 버린다고 주장한다. 즉, 기후 위기를 '인간 본성'의 위기로 규정하고 오늘날의 사람들이 '인류의 시대'를 살아간다고 규정하는 한 과거뿐 아니라 현재에도 존재하는 이와 같은 체계는 그 존재가 지워지고 말 것이다.

나오미 클라인이 주장한 것과 내가 《인종차별은 환경 위협인가?》에서 제시한 주장한 것에는 중복되는 부분이 많다. 화석연료 '희생 구역'에 대한 나오미 클라인의 분석은 특히 많은 공통분모를 지닌다. 나오미 클라인은 이렇게 주장한다.

> 화석연료의 진실은 매우 더럽고 유독하기 때문에 인간과 공간을 희생시킨다는 것인데, 이를테면 석탄 광산 광부는 폐와 건강을 잃었고 많은 사람들은 노천 광산과 석유 유출로 인해 토지와 물을 잃었다.

나오미 클라인은 '희생의 존속을 정당화하는 지적知的 이론, 즉 명백한 운명Manifest Destiny에서 무주지無主地, 오리엔탈리즘에 이르는 이론 및 뒤처진 두메산골 촌뜨기에서 뒤처진 원주민에 이르는 이론'이 없었다면 이와 같은 희생 공간과 희생 구역이 존재할 수 없었을 것이라고 본다.

마르크스의 본원적 축적 개념을 사용한 나오미 클라인과 마찬가지로 나 역시 자본주의가 항상 '원시적', '야만적', '비문명적'인 방식으로 부를 축적해왔다는 사실을 강조한다. 이와 같은 의미에서 자본주의의 역사는 자본주의가 꽃피운 문명화된 세계에서 이루어지는 합법적 축적과 타자를 과도하게 착취해 심지어는 절멸에 이르게 하는 야만적인 사회, 문화, 생태 공간에서 이루어지는 본원적 축적 사이를 오간 역사라고 할 수 있다. 이윤의 위기를 더 많이 맞을수록 자본주의는 과도한 착취를 자행해 비문명적인 문화와 정치의 도래를 앞당기는데, 도널드 트럼프가 미국 대통령으로 당선된 것은 고전적이고 품위 있는 고전적 정치 엘리트, 즉 이른바 '기득권층'과의 관계를 끊어내고 품위 없고 생태적으로는 파괴적이며 성차별적이고 인종차별적인 정치 지도자와의 관계를 재구축해 야만적인 축적 방식을 더 손쉽게 활용하려는 자본의 필요를 잘 보여주는 사례라고 할 수 있다.

그럼에도 나는 인종차별주의와 환경 파괴 정신이 최종 생성되는 기제는 '길들임의 일반화'라고 생각한다. 인종차별주의와 환경 파괴 정신은 인간의 보편적인 본성이 아니지만 그럼에도 보편적인 존재 양식으로 자리 잡고 있다. 이와 같은 존재 양식은 인간이 세계와 맺은 도구적이고 관리적인 기본 관계가 세계에 주입된 결과 나타난 것이다. 인류학자인 나는 이와는 다른 존재 양식, 즉 길들임의 일반화를 유도하는 세계에는 도구적인 존재 양식이 아닌 존재 양식이 실제로 존재한다는 나오미 클라인의 주장에 동의한다. 그러나 인류학에서 연구한 바에 따르면 근대 이전 사회가 자본주의 사회가 아니었던 것도 아니고 자연을 도구적으로 대하지 않은 것도 아니다. 다만 근대 이전 사회는 다양한 존재 양식을 아우른 결과 도구주의의 영향을 누그러뜨리고 최소화하면서 상호 호혜와 같은 관계를 형성할 수도 있었다. 따라서 근대 자본주의 사회의 잘못은 길들임의 일반화와 매우 친밀한 관계를 형성해 길들임의 일반화를 상징적 폭력의 가장 대표적인 형태로 자리매김하게 만들었다는 점이다. 덕분에 사람들은 길들임의 일반화를 유일한 존재 양식으로 생각하게 되었고, 대안적인 존재 양식에 대해 생각해 볼 수 없게 되었다. 그렇기에 이제 우리는 문제 해결을 위한 방편으로 다양한 존재 양식을 추구해야만 한다.

제국주의와 고가도로

라피아 자카리아

파키스탄 카라치에 면한 바다는 꾸준히 이동해왔다. 지난 10여 년 사이 카라치 시가 크게 확장되면서 바다는 점점 더 먼 곳으로 물러나야 했다. 아침 일찍 카라치 시와 면한 해변을 찾아 도로의 끝에 다다르면 사람들이 바다를 밀어낸 과정을 확인할 수 있다. 줄지어 서 있는 트럭이 자갈과 모래를 부리면 습지가 토지로 변모한다. 이렇게 조성된 토지는 높은 가격에 팔리고 그 위에 부유한 사람들의 거주지가 형성된다. 높은 담장 안에 우뚝 선 고층 건물이 자신들이 밀어낸 바다를 오만한 모습으로 내려다본다. 부유한 사람들은 두려울 것이 없다.

　한편 가난한 사람들도 두려울 것이 없기는 마찬가지다. 아니 어쩌면 그들에게는 두려움도 사치일 것이다. 수백만 명에서 1천만 명 가까이 생활하던 도시 카라치는 2천만 명에 육박하는 사람들이 생활하는 도시로 성장했고 가난한 사람들은 매주말마다 카라치 시에 면한 바다를 찾는다. 특히 이드 알 피트르(이슬람 문화권에서 금식 기간인 라마단이 끝나고 열리는 축제-역자)나 이드 알 아드하(이슬람 문화권에서 메카 연례 성지 순례가 끝나고 열리는 축제-역자) 또는 독립기념일에는 더 많은 사람들이 바다를 찾는다. 두서너 명의 사람들이 좁고 낡은 오토바이 안장에 몸을 맡기거나 10여 명의 사람들이 소형 스즈키 트럭에 몸을 싣고 바다를 찾는다. 바다를 찾는 사람들은 모두가 나름대로 한껏 차려입고 있다. 꽃무늬가 새겨진 밝은 색 옷을 입거나 검은색 부르카를 뒤집어쓴 여성들은 들은 체도 하지 않는 아이를 향해 고함을 치기도 하고 남편, 아버지, 삼촌, 그밖의 가족들에게 에워싸인 채 바다를 향해 나아가기도 한다. 남성들도 가세해 서로에게 바닷물을 뿌리면서 수염과 긴 바지를 적시거나 아예 바다에 뛰어들어 파도에 몸을 맡긴다. 이들의 등 뒤에는 도시가 버티고 서 있다. 이들은 도시에서 발생한 온갖 오물을 도시가 품고 있으리라고 생각한다.

그러나 그러한 생각은 잘못된 생각이다. 바다에 면해 있는 주택과 고층 건물은 도시의 하수 처리 체계와 연결되어 있지 않다. 따라서 거기서 발생하는 쓰레기는 처리되지 않은 상태로 아무런 제약 없이 바다로 흘러들어 간다. 바다에 면한 거주지에서 생활하는 부유한 사람들에게 편의를 제공하는 상류층 전용 클럽 역시 쓰레기를 바다에 내다버리기는 마찬가지이다. 결혼식 피로연에 참석한 수천 명의 사람들에게 제공할 음식을 만드는 데 쓰인 폐기름은 바다로 흘러들어가고 사막 기후 지역인 카라치에 조성한 잔디밭에 뿌린 물은 살충제를 머금은 채 지하수로 흘러들어간다.

　같은 바다로 흘러들어가는 말리르 강과 리아리 강도 쓰레기를 실어 나른다. 도시 깊은 곳까지 이어져 있는 두 강의 강둑을 따라 합법 불법을 불문한 온갖 공장, 즉 무두질 공장, 종이 공장, 제약 공장, 각종 화학 제품 제조 공장들이 즐비하게 늘어서 있다. 여기에서 사용되지 않고 남은 것과 무언가를 만드는 과정에서 발생한 부산물은 모두 바다로 흘러들어간다. 바다를 찾는 카라치의 가난한 사람들, 즉 아동, 임신부, 나이든 이모, 무서운 인상의 근엄한 아버지는 이렇게 독성 물질로 범벅이 된 바닷물에 몸을 담그는 한편 쓰레기를 남긴다. 매주말이면 바다를 찾았던 사람들이 남기고 간 스티로폼 컵, 음료수 병, 음식을 담았던 비닐봉지, 잃어버린 신발, 배설물 등이 해변을 뒤덮으면서 카라치 시의 끄트머리를 오염시키는 수 톤의 유독성 물질 대열에 합류한다.

***

도시에서 흘러나온 폐수와 배설물로 범벅이 되어 악취가 진동하는 바다에 기꺼이 그리고 열심히 몸을 던지는 카라치의 가난한 사람들이야말로 나오미 클라인이 '희생자'라고 부른 사람들에 속할 것이다. 이 가난한 사람들 중에는 파키스탄 전역에 점점이 퍼져 있는 작은 마을에서 일자리를 찾아 대도시로 떠나온 경제 이민자들도 포함되어 있다. 대부분 혼자 생활하는 남성인 경제 이민자들은 답답한 공장에서 하루하루를 노동하며 보내고 쥐꼬리만 한 월급을 받는데, 단 한번도 바다를 본 적이 없는 이 경제 이민자들은 그 쥐꼬리만 한 월급에서 쓰고 남은 돈으로 바다를 보러 간다.

한편 탈레반에게 약탈당하고 그 다음에는 미국이 투입한 드론 공격으로 피해를 입었으며 최종적으로는 파키스탄군이 수행한 '정화' 작전으로 초토화된 파키스탄 북부 지역에 자리 잡은 마을에서 전쟁을 피해 도시로 온 사람들도 이 가난한 사람들에 포함되어 있다. 카라치로 피난 온 사람들은 카라치 변두리에 자리 잡은 친척집에서 생활한다. 수백만 명의 다른 가난한 사람들과 마찬가지로 이들 역시 일자리를 구하러 다니는데, 일자리를 구하든 못 구하든 관계없이 바다를 찾는다.

이 두 집단에 속한 사람 중 운이 좋은 사람들은 다른 바다로 진출하리라는 희망을 품고 있다. 생활고와 전쟁에 시달리다 못해 고향을 등지고 카라치로 흘러든 사람들은 대부분 이민을 소망한다. 운 좋게 이민에 성공하는 이는 페르시아만의 황량한 석유 시추 시설에서 일하면서 화석연료 추출 경제에 참여하게 된다. 이 희생자들은 국제 갈등의 핵심에 자리 잡고 있는 석유를 채취하는 고생스러운 일에 시달리겠지만 석유 추출을 통해 집을 짓고 자녀들을 교육하고 싶다는 작은 소망을 이룰 수 있을 것이다. 이런 사람들에게는 이 문제가 생존이 달려 있는 시급한 문제이기 때문에 에드워드 사이드가 그러했듯 우리도 환경 문제를 '부르주아의 배부른 소리' 정도로 치부해버리기 십상이다. 그러나 그렇게 하기 쉽다고 해서 그것이 반드시 진리인 것은 아니다.

***

도시의 붐비는 항구와 파키스탄 전역을 가로지르는 고속도로를 연결하는 고가도로에는 인더스 강 삼각주 지역에서 평범한 어부로 생활했던 마이 콜라치Mai Kolachi라는 여성의 이름이 붙어 있다. 조용한 어촌이었던 카라치의 과거에 관심을 기울인 여성의 이름이 카라치의 생태계를 파괴하는 데 크게 기여한 건설 사업에 연루되었다는 사실은 어이가 없지만 이는 현실이다. 슬럼에 사는 주민을 내몰고 맹그로브 숲을 파괴하면서까지 고가도로를 시급하게 건설해야 했던 이유는 바로 전쟁 때문이었다. 2001년 파키스탄과 인접한 아프가니스탄에 나토 군이 투입되자 카라치는 해상을 통해 군 지원 물자를 조달하는 통로가 되었다. 전쟁에 사용되어 국경 너머 수천 명의 목숨을 앗아 갈 핵심 물자를 수송하려면 고가도로가 필요했다. 고가도로를 이용해야만 나토 군의 지원 물자를 실은 대형 트럭이 도심의 교통 정체를 피해 신속하게 고속도로로 진입할 수 있을 터였기 때문이다. 이와 같은 배경하에서 수백만 달러가 투입되는 마이 콜라치 고가도로 건설 사업이 탄생했다.

덕분에 아프가니스탄 사람의 목숨을 빼앗는 데 필요한 물자가 파키스탄의 환경 생태계를 먼저 파괴하게 되었다. 친나크릭 지역에 우거진 맹그로브 숲을 통과하는 경로로 설계된 고가도로를 건설하려면 자연 빗물 배수로로 활용되는 맹그로브 숲을 파괴할 수밖에 없었다. 고가도로가 자연 배수로를 통과하면서 바다로 흘러들어가는 빗물의 양이 감소한 덕분에 가장 가난한 사람들이 모여 사는 구도심 지역은 몬순이 찾아올 때마다 물난리를 겪게 되었다. 갈 곳을 잃은 빗물이 흘러넘쳐 거리를 뒤덮고 집 안을 점령하면서 파리와 모기가 들끓자 도시는 질병의 온상이 되어 버렸고 수백 명이 콜레라, 말라리아, 뎅기열에 시달렸다.

고가도로에 연결되는 도로 주변에 자리 잡았던 맹그로브 숲이 사라지면서 허리케인과 사이클론의 접근을 차단하는 장벽도 함께 사라졌다. 중앙아시아에서 매년 남하해 맹그로브 숲을 찾았던 두루미, 펠리컨 같은 철새들도 갈 곳을 잃었다. 생기 넘치고 아름다웠던 맹그로브 숲은 이제 전쟁에 사용될 건설 자재를 운반할 목적으로 사용되는 도로가 되었다.

마이 콜라치 고가도로 건설 당시 발행된 신문에서 마이 콜라치 고가도로 건설 사업에 반대 목소리를 드높였던 도시 계획가 겸 환경운동가이자 (카라치에서 가장 규모가 큰 슬럼 중 하나에서 시행한) 오렌지 시범 사업Orangi Pilot Project를 이끌었던 파르윈 레흐만Parween Rehman의 언급을 찾을 수 있었다. 파르윈 레흐만은 명쾌하게 주장했다. '간척 사업을 즉시 모두 중단해야 한다. 강 후미를 자연 상태로 되돌리고 입체 교차로를 건설해 마이 콜라치 고가도로가 그 위를 지나가게 해야 한다. 맹그로브 숲과 거기에 서식하는 물고기를 보호하려면 최소한 하나 이상의 입체 교차로가 필요하다. 왜 자동차만 중요하게 여기는가? 물고기도 자유롭게 오갈 권리가 있다. 인간이야말로 물고기를 모두 죽여 지구상에서 사라지게 만드는 원흉이다.'

파르윈 레흐만의 주장은 하나도 받아들여지지 않았을 뿐 아니라 더 큰 비극을 낳았다. 마이 콜라치 고가도로 건설 반대 입장을 밝힌 파르윈 레흐만은 그 이후로도 계속 환경 생태계를 파괴하고, 카라치의 가장 가난한 시민을 희생양으로 삼아 토지를 도시의 유력 인사들 손에 넘겨주는 여러 건설 사업에 대한 반대 운동을 이어갔다. 그렇게 운동을 지속하고 약 10년쯤 지났을 무렵 마이 콜라치 고가도로 건설 사업으로 인해 희생된 물고기와 나무처럼 파르윈 레흐만 역시 살해당하고 말았다. 파르윈 레흐만은 2013년 3월 13일 암살자의 총에 살해당했는데, 사건 발생 3년이 지난 시점에도 수사는 지지부진했다.

마이 콜라치 고가도로를 통해 나토가 아프가니스탄을 침공한 뒤 10년 6개월 동안 수십만 톤의 군수물자가 운송되었다. 이제 마이 콜라치 고가도로는 카라치 도심 교통 체계의 어엿한 일원이 되었는데, 오늘날에는 마이 콜라치 고가도로가 존재하지 않았던 시절을 기억하는 사람이 거의 없는 형편이다. 2011년 마이 콜라치 고가도로의 스카이라인에 새 건물이 모습을 드러냈다. 신문은 카라치에 새로 들어선 미국 영사관 건설에 '첨단 기술'이 동원되었다고 떠들어댔다. 윌리엄 마틴William Martin 미국 총영사는 개소식에서 신축 영사관이 '미국과 파키스탄의 굳건한 관계를 명확하게 반영하는 동시에 파키스탄과 장기적인 관계를 이어나가고자 하는 미국 정부와 미국인의 약속을 반영'한다고 언급했다. 신축 영사관이 자리 잡은 위치를 언

급하면서 윌리엄 마틴 미국 총영사는 이렇게 덧붙였다. "이곳
은 역사적으로 중요한 곳입니다. 신드 주㎐와 발루치스탄 주㎐
주민들에게 새 영사관을 선보이게 되어 기쁘기 그지없습니다.
미국 영사관을 이곳으로 옮김으로써 미국인과 파키스탄인 사
이에 맺은 강력하고 상호 호혜적인 관계가 더욱 돈독해지기를
기대합니다."

***

테러와의 전쟁이 많은 논쟁을 불러일으켰던 만큼 이 문제를
다룬 글도 수도 없이 쏟아졌지만 테러와의 전쟁에 연루되었던
파키스탄에 관한 글은 거의 찾아 볼 수 없다. 분명한 것은 테
러와의 전쟁에 연루되면서 파키스탄이 겪은 일은 주로 생태
계, 슬럼 주민, 가난한 사람들, 궁지에 몰린 사람들, 이들을 옹
호하는 사람들에게 가해진 폭력과 연관되어 있다는 것이다.
나오미 클라인은 이와 같은 현실을 이렇게 기록했다. '기후 위
기를 오로지 기술 관료적인 문제로만 취급해서는 안 된다는
것이다. 즉 기후 위기는 긴축과 민영화, 식민주의와 군국주의,
이 모든 체계를 떠받치는 데 필요한 다양한 타자화 체계라는
맥락에서 살펴보아야 할 문제인 것이다.' 마이 콜라치 고가도
로 건설 사업을 통해 끝없이 이어지는 카라치의 간척 사업, 파
괴적이지만 빠른 방법을 요구하는 외부 세력의 압력과 그 결
과 황폐해진 생태계가 서로 연관되어 있다는 사실을 확인할

수 있다.

점점 더워져 가는 세계 곳곳에 포진해 있는 상처 입은 지역치고 마이 콜라치 고가도로 건설 사업 같은 사연이 없는 곳이 없다. 파키스탄 남부의 항구 및 해안 지대가 운송망 구축에 동원되었다면 파키스탄 북부는 드론의 감시를 받았다. 원격으로 조종되는 폭격기인 드론의 감시를 받는 지역은 어김없이 자원 추출로 인해 생활 기반이 송두리째 흔들렸다. 집중 공략 대상이 된 북와지리스탄에 자리 잡은 공동체는 폭격으로 생계형 농업을 이어가던 '부족의 토지'를 잃었다. 그 뒤 그곳에 석고 광산이 조성되어 모두의 어머니인 토지를 착취하는 새로운 관계가 형성되었고 농민이 아닌 광부들이 일하게 되었다. 광산이 문을 닫거나 광산에서 고용하는 인력 규모가 줄어들자 지역에서 일자리를 찾을 수 없었던 사람들은 고향을 등지고 카라치나 페르시아만으로 일자리를 찾아 떠나야 했다. 아버지 없이 남겨진 아이들은 더 거대한 세력에게 원초적이고 잔인하게 복수할 기회를 제공하면서 토지를 약탈하는 파키스탄 탈레반의 술책에 속수무책으로 노출되었다.

'이와 같은 단절을 극복하고 다양한 쟁점과 다양한 운동을 하나로 묶어내는 흐름을 강화하는 일'이 가장 시급한 과제라고 언급한 나오미 클라인의 말대로 이와 같은 사연을 전하는 일이야말로 기후 활동가들이 수행해야 할 과제 가운데 하나다. 고가도로를 건설하면서 겪은 상실의 비극으로 얼룩진 카라치의 사연 같은 이야기를 전파하지 않는다면 모든 것을 포용하면서 기후 변화에 단호하게 맞서 나갈 수 있으리라는 희망의 싹을 틔울 수 없을 것이다. 이와 같은 집단 행동에 나설 것을 진지하게 고려하지 않는다면, 그리고 어느 할머니의 이름을 딴 도로를 건설하면서 그보다 훨씬 오래되고 훨씬 소중하며 훨씬 생생하고 훨씬 유익한 것들을 파괴한 사연을 통해 상호 연결성과 시급성을 확인하지 못한다면, 미래에 대한 희망이란 있을 수 없을 것이다.

머리 손질

마스투라 알라타스

내 머릿결은 길고 곱슬하다. 날씨나 바다처럼 변화무쌍한 내 머릿결은 때로는 비단결처럼 부드럽다가도 때로는 지저분하게 엉키곤 하는데, 유기 물질인 코코넛오일이나 시중에서 판매하는 화학 성분으로 이루어진 컨디셔너를 사용하면 머릿결이 지저분하게 엉키는 일을 다소 줄일 수 있다.

언젠가 쿠알라룸푸르에 자리 잡은 어느 슈퍼마켓에서 선반에 진열되어 있는 컨디셔너를 살펴보다가 그중 하나를 집어든 젊은 여성을 보고 속으로 생각했다.

'저 사람도 나처럼 머릿결에 신경을 쓰는구나. 하지만 머릿결이 어떤지는 알 수가 없네.'

그 젊은 여성이 폴리에스테르 재질로 만들어진 자두색 히잡을 두르고 있었기에 머릿결이 어떤지 알 수 없었다. 문득 뜨거운 열대 기후에서 평생을 머리에 두꺼운 합성 섬유를 두르고 살아야 하는 여성들의 머릿결 상태에 대한 연구가 있는지 궁금해졌다. 갑자기 히잡을 두른 머리에 땀이 나는지, 얼마나 자주 머리를 감는지, 컨디셔너를 사용하는지, 평소에 습관처럼 히잡을 두르던 여성에게 탈모가 시작된다면 어떨지, 남성들은 뭐라고 말할지 같은 것들이 궁금해졌다.

어쩌면 컨디셔너를 구입한 여성은 대부분의 시간을 집이든 사무실이든 간에 에어컨을 틀 수 있는 환경에서 보내기 때문에, 심지어 출퇴근을 할 때도 자가용, 택시, 모노레일 같이 에어컨이 인공적으로 창조한 건조하고 시원한 공간에 머물기 때문에 머리에 땀이 날 일이 없을지도 모를 일이다.

사실 더위만으로 모든 것을 설명할 수는 없다. 푹푹 찌는 날에도 뉴욕 월스트리트와 싱가포르의 래플스 플레이스 같은 곳에서는 양복 재킷과 넥타이까지 갖춰 입은 남성들을 만나 볼 수 있고 말레이시아의 들판에서는 히잡을 두르고 그 위에 밀짚모자를 쓴 여성들을 만나 볼 수 있기 때문이다. 차이가 있다면 앞의 두 금융가의 남성은 더운 실외에 나오더라도 에어컨을 틀어 놓은 고층 건물 안으로 서둘러 돌아가지만 여성 농민들은 몇 시간이고 뙤약볕 아래에서 일을 해야 한다는 점일 것이다.

습관은 관습이 영속화된 것이다. 한번 받아들이면 계속 하게 되고 결국 익숙해진다. 습관대로 살아가고 습관 **없이는** 살수 없다. 이탈리아어는 단어 하나로 삶의 의미를 다양한 층위에서 설명하는데 살다, 거주하다를 의미하는 단어 abitare에서 습관(수녀/신부의 복장)을 의미하는 abito와 습관(습관적으로 하는 일)을 의미하는 abitudine가 파생되었다. 그러나 많은 사람들이 히잡 착용을 마치 양복을 갖춰 입는 것처럼 늘 하던 일로 받아들인다고 해도 히잡 착용을 습관화하지 않은 사람들의 눈에 뜨거운 태양 아래에서 히잡을 두른 채 서 있는 여성이 더워 보이는 것은 어쩔 수 없는 일이다.

인도네시아, 말레이시아, 싱가포르는 전 세계 이슬람교도의 대다수가 생활하고 있는 동남아시아의 중심을 이루는 국가들이다. 오늘날 인도네시아와 말레이시아에서는 히잡을 착용하지 않는 이슬람교 여성보다 히잡을 착용하는 이슬람교 여성이 더 많아지고 있는 추세다. 도시, 마을, 교회, 사무실, 쇼핑몰을 둘러보면 굳이 통계를 들춰보지 않아도 이와 같은 사실을 충분히 확인할 수 있다.

말레이시아에서 히잡을 두른 여성이 최근에야 나의 성찰 대상이 된 이유는 변화를 감지했기 때문이다. 예전에는 히잡을 두른 여성이 이 정도로 많지 않았다. 심지어 이슬람교도가 아닌 중국인이 대부분인 싱가포르에서도 말레이시아 여성은 히잡을 두른다. 내가 위화감을 느끼는 순간 타인에 대한 타자화와 타인에 의한 나의 타자화가 동시에 진행된다. 나는 많은 사람들이 관습에 순응하기로 결정했다는 사실을 인지하는 동시에 이 문제는 내가 관여할 수 있는 성질의 것이 아니라는 사실도 인식한다.

이와 같은 변화는 언제부터 시작되었을까? 나는 결론이 나지 않는 타프시르(꾸란 해석-역자) 논쟁으로 빠지기 마련인 이유를 묻기보다 시점을 묻는 편을 택했다. 물론 통계를 들춰 볼 수도 있었지만 기억을 더듬어 보니 싱가포르에서 학창 시절을 보내던 1970년대에서 1980년대 중반 사이에는 히잡을 두른 선생님을 본 적이 없었고 친구들이나 친구들의 어머니 중에도 히잡을 두른 사람은 없었다.

1800년대 중반에서부터 1970년대 사이에 촬영된 사진을 보면 말레이시아 술탄들의 부인뿐 아니라 학생, 공무원, 농민 등 여성들이 히잡을 쓰지 않은 모습을 확인할 수 있다.

이와 같은 옛 사진에서 또 한 가지 주목해야 할 점은 전통 복장을 하고 머리에 스카프를 두른 말레이시아 여성의 모습을 볼 수 있다는 점인데, 어깨가 노출된 경우도 있고 스카프 바깥으로 흘러나온 머리카락이 보이는 경우도 있다. 따라서 머리에 스카프를 두르는 일이 필수가 아니라는 사실을 알 수 있다.

그러나 오늘날에는 머리에 무언가를 두른다는 것의 의미가 핀으로 단단히 고정한 천으로 머리를 감싸 머리카락이 타인의 시선에 잡히지 않도록 한다는 의미로 변했다. 덕분에 머리카락 한 올 삐져나오지 못하는 완벽한 바람막이 같은 히잡을 머리에 두르게 되었고 몸통의 경우에는 뺨에서 손 사이의 몸을 완벽하게 덮는 옷을 입게 되었다.

지나간 시대의 말레이시아 여성들은 어떻게 더위를 피했을까? 당시의 그림과 사진에서 바틱 기법으로 염색한 무릎 아래까지 내려오는 천으로 만든 사롱을 가슴께에 두른 말레이시아 여성의 모습을 확인할 수 있다. 머리에 아무 것도 쓰지 않고 어깨를 노출한 여성들은 부디 악어가 없기를 바라는 마음으로 강과 바다에 뛰어들었다. 말레이시아에서는 술탄들이 포르투갈, 네덜란드, 영국이 말레이시아를 점령하기 이전과 이후 모든 기간에 걸쳐서 마을을 통치했으므로 수영하는 말레이시아 여성들의 복장에 유럽 식민 통치자들이 미친 영향은 없다고 추론할 수 있다.

　오늘날 히잡을 착용하는 말레이시아 여성들의 모습을 전통은 변화한다는 사실과 문화적 상징은 고정된 것이 아니라는 사실을 드러내는 또 다른 지표로 파악한다면, 오늘날 말레이시아에서 생활하는 대부분의 이슬람교 여성들이 말레이시아의 통치자들을 비롯해 수 세기 동안 머리에 아무 것도 두르지 않고 살아온 조상들의 생활방식이 이슬람교의 관점에 비추어 잘못된 것이라고 생각하고 있다는 결론에 이르게 된다. 동남아시아에 이슬람교가 전파된 시기가 무역과 선교 활동이 시작된 12세기 무렵이라는 점을 감안하면 수 세기 동안 이슬람교도들은 여성의 복장과 관련된 꾸란과 하디스(이슬람교 예언자 무함마드의 언행에 관련된 전승-역자)의 내용을 잘못 해석한 채 생활해온 셈이 된다. 그리고 그 잘못을 20세기 말에야 비로소 바로잡게 된 것이다.

　지난 30년 사이 말레이시아 여성들이 머리에 형형색색의 히잡을 두르게 되었다는 것은 분명하다. 한편 베일을 두르지 않는 것이 사회계급에 영향을 미치듯 베일을 두르는 것도 사회계급에 영향을 미치는데, 이 역시 지난 세기나 오늘날에나 변함이 없는 사실이다. 사우디아라비아와 그밖의 이슬람교 국가에서 말레이시아를 찾은 여성 관광객이 말레이시아 해변과 5성급 말레이시아 호텔 수영장에서 말레이시아 여성들과 함께 수영하는 모습을 보면 과거보다 더 많은 여성 관광객이 니캅이나 차도르를 완벽하게 착용하고 있다는 사실을 확인할 수 있다. 패션에 민감한 여성인 경우에는 이슬람교 여성이 착용할 수 있는 수영복인 부르키니를 착용한다. 이 모습은 마치 자신만을 구원하기로 결정한 슈퍼 히어로처럼 보이기도 하고 여성주의의 수사적 주장을 펴는 것처럼 보이기도 한다.

말레이시아 이슬람교 여성의 복장 변화를 전 세계에서 일어난 굵직한 정치적 사건과 연관시켜 생각해 볼 수도 있다. 그 예로는 1979년 이란 혁명, 1970년대에서 1980년대 사이 말레이시아에서 일어난 다크와Dakwah 운동 또는 이슬람교화 운동(훗날 문화부 장관과 농업부 장관을 역임하게 되는 당시 젊은 지도자 안와르 이브라힘Anwar Ibrahim은 큰 지지를 받았다.), 1987년 제1차 팔레스타인 반反이스라엘 저항 운동, 9/11 테러, 뒤이은 사우디아라비아, 미국, 미국의 동맹국이 유대 관계를 공고히 하면서 알카에다와 이란에 맞선 사건 등을 꼽을 수 있다.

그러나 여기에는 모순이 존재한다. 만일 이슬람교 여성이 올바른 행동이라고 생각하면서 머리에 히잡을 두른다면 그것은 도덕적으로 올바른 행동일 것이다. 그리고 올바른 길로 접어든 교육 받은 말레이시아 여성이 노동을 통해 경제적으로 독립하여 사회에서 중추적인 역할을 담당하고 있다면, 말레이시아 여성들이 히잡을 더 많이 착용하면서 스스로 해석한 이슬람교의 정의에 따라 더 이슬람교도다워지는데도 말레이시아가 점점 더 부패해 가는 이유는 무엇일까? 2015년 1말레이시아 개발 유한회사1Malaysia Development Berhad, 1MDB 스캔들이 터지면서 나지브 툰 라자크Najib Tun Razak 말레이시아 총리가 1MDB 기금에서 빼낸 것으로 추정되는 7억 달러에 달하는 자금이 예치된 개인 계좌가 발견되었다. 말레이시아 여성들은 도덕적으로 올바른 행동을 하려고 노력하는 반면 다른 한편에 서 있는 정치 지도자 같은 더 중요한 인물들은 도덕적으로 올바른 행동을 하려고 노력하지 않는 이유는 무엇인가?

말레이시아와 싱가포르의 도시에서 직장에 다니는 이슬람교 여성들이 아무데서나 쉽게 에어컨을 사용할 수 없는 상황이 되어도 지금처럼 히잡 착용을 고수할 것인지 엄청 궁금하다. 에어컨을 사용할 수 없게 된다면 두 가지 효과가 나타날 것으로 보인다. 하나는 이슬람교 여성이 히잡 착용을 중단할 것이고 다른 하나는 탄소 배출이 줄어들 것이다.

히잡을 두른 여성이 뙤약볕 아래 들판에서 일하는 모습을 보면 에어컨이 없다고 해서 일을 못하는 것은 아니라는 점을 알 수 있다. 그러나 들판은 도시보다는 푸르름을 더 많이 간직하고 있는 시골에 자리 잡고 있다. 도시는 도시 조성을 위해 나무를 베어 버렸기 때문에 그 어느 곳보다도 에어컨이 밀집해 있는 것이 현실이다. 영국인들은 산들바람이 부는 말레이시아의 언덕에 빌라와 저택을 짓곤 했는데, 콘크리트로 지은 견고한 건물에 커다란 창을 내고 사방에 베란다를 배치한 뒤 차양을 둘러 그늘을 드리워 더위를 피하려고 했다. 식민지 지배 시대에 배울 만한 것이 있을지는 모르지만 혹시 있다고 해도 더위를 피하려 했던 영국인들의 집 짓기 방식만큼은 배워서는 안 될 것이다. 그래서인지 영국인들이 지은 집 가운데 지금까지 남아 있는 집은 없다. 말레이시아에서는 나무 그늘을 이용해 더위를 피하는 방법이 더 이상 통하지 않는다. 시원한 세계에서 생활하려면 인간의 희생과 환경의 희생을 감수해야 한다. 게다가 시원함을 누리려다가 세계가 더 더워지는 모순에 빠지고 만다.

히잡을 쓴 여성들이 더위를 참는 대신 베일을 벗기로 결정한다는 것은 단순히 머리를 드러낸다는 의미에 그치는 것이 아니라 여성들의 의식이 깨어났다는 사실을 의미한다. 히잡을 쓰지 않는 행위는 스카프가 말레이시아 여성들이 반드시 착용해야 하는 공식 복장이 아니었던 시절로 돌아간다는 사실, 말레이시아 여성이 관습적 또는 지배적 이슬람교 행동 방식에 크게 신경 쓰지 않는다는 사실, 기후 위기 해결에 말레이시아가 기여할 수 있는 방법을 웅변하는 상징적인 행위이다.

그러나 베일을 쓰고 다니다가 베일을 벗고 다닌다고 해서 녹색 고추가 하루 아침에 붉은 색으로 변할 수 있을까? 말레이시아 여성들이 히잡을 쓰게 되면 가장 많은 이익을 보는 사람은 누구이고 가장 많은 것을 잃는 사람은 누구인가? 말레이시아 여성들이 히잡을 쓰고 다니는 일이 무척 중요한 일이라면 말레이시아 여성들의 머리는 그 자체로 강력한 무기가 될 것이고 이를 바탕으로 최후 통첩도 할 수 있을 것이다. 히잡을 벗어던진다면 히잡과 함께 홍수도, 부패도 사라질지 모를 일이다.

예로부터 지금까지 복장은 정치적 표현의 수단으로 활용되어 왔는데, (말레이시아어로 청렴을 의미하는) 버르시Bersih 운동을 상징하는 노란색 티셔츠를 입는 일과 여성운동 단체 페멘Femen이 상의를 탈의하고 시위를 벌이는 일을 그 예로 꼽을 수 있다. 그러나 이와 같은 행동은 얼마나 큰 파장을 일으키는 가? 사람들은 정체성을 상실할 위기에 빠졌을 때 그리고 정체 성에 대한 문제가 제기될 때 가장 크게 분노하고, 두려울 때 가장 순응적이 된다.

베일을 두르지 않거나 항상 두르지는 않는 단순한 행동만 으로도 '우리가 기후를 바꾸고 기후가 우리를 바꾼다'는 강력 한 정치적 표현을 할 수 있다. 베일을 두를지 두르지 않을지 선택하는 문제와 관련된 논의는 수없이 많지만 나오미 클라인 이 지적한 대로 '고도로 연결되어 서로 교차하는' 다양한 '타자 화 체계'를 드러낼 전략으로서 히잡을 쓰지 않는 행동을 선택 하는 여성에 대해서는 거의 논의되지 않는다.

1957년 영국으로부터 독립한 이래 말레이시아 정부는 연 립정부로 구성되어 왔다. 1981년 마하티르 모하마드Mahathir Mo-hamad 총리가 정권을 잡은 뒤부터는 산림 파괴가 매우 빠르게 진행되었다. 산림 파괴를 문제 삼은 사람들에게 마하티르 모 하마드 총리는 이렇게 응수했다. "숲이 개발을 포기해달라고 부탁하던가요? 그러면 나머지 세계에 숨통이 트일 것이라고 하면서요?"* 이후 입장을 바꾼 마하티르 모하마드 총리는 벌 목을 제한하고 통제해 '숲을 보존'할 수 있는 법을 제정해 '벌 목이 법의 테두리 내'에서 이루어져야 한다고 호소했다.** 그러

---

* Alex Kirby, 'Malaysia's Solar Power Costs Dear', BBC, 17 November 2003.

** Dr. Mahathir Mohamad, 'Deforestation', 27 November 2014.

96

나 사라왁 주^州를 비롯한 말레이시아 토지의 대부분이 급격한 산림 파괴를 겪고 있다. 숲을 태우는 과정에서 해당 지역의 오염이 심화되고 홍수가 잦아지며 토양 침식이 진행될 뿐 아니라 원주민의 이주가 불가피해지고 숲을 서식지로 삼는 오랑우탄이 멸종 위기에 처하고 있는 실정이다.

열차를 타고 이탈리아 마르케에서 로마로 이동하는 동안 내 눈에 들어온 풍경은 정말 다양했다. 여름이면 해바라기 꽃, 그라노 듀로 밀, 올리브나무 숲, 포도밭 등이 펼쳐진다. 해바라기씨 오일, 파스타, 올리브 오일, 포도주는 모두 이탈리아 경제에 없어서는 안 될 중요한 요소를 이룬다.

그러나 말레이시아의 상황은 사뭇 다르다. 말레이시아의 풍경은 단일하다 못해 지루할 지경이다. 열차를 타고 지나가면서 바라보는 말레이시아의 풍경은 주 경계를 넘어서더라도 똑같다. 지역 전체를 뒤덮다시피 한 기름야자 플랜테이션이 끝도 없이 펼쳐지는 것이다. 말레이시아는 세계 최대 팜유 생산국이지만 숲을 밀어낸 자리에 마치 모발 이식을 한 것처럼 웅긋쭝긋 자리 잡고 있는 기름야자 플랜테이션은 이탄지^{泥炭地}를 파괴해 홍수를 유발한다.

자코모 레오파르디Giacomo Leopardi는 〈무한 L'infinito〉(1819)이라는 시에서 자신이 태어난 레카나티 언덕은 단 한번도 자신을 실망시킨 적이 없었다고 읊조렸다. 시에서 '항상'이라는 표현을 쓸 수 있었던 것은 레카나티 언덕이 자코모 레오파르디의 일생 동안 거의 변함없는 모습을 간직하고 있었기 때문이다. 심지어 자코모 레오파르디가 눈에 담았던 레카나티 언덕의 모습과 오늘날의 사람들이 바라보는 레카나티 언덕의 모습이 크게 다르지 않을 정도. 마천루나 새로 심은 작물이 없어 시야가 탁 트였는데, 시야를 방해하는 것이라고는 산울타리 정도뿐이고 그나마도 그 너머에 무엇이 있을지 궁금증을 유발해 사람의 마음을 설레게 한다.

그러나 전 세계를 통틀어 레카나티 언덕처럼 지속 가능한 방식으로 개발된 장소가 몇 곳이나 될 것인가? 익히 알고 있듯이 지구의 미래는 무한하지 않다. 언덕을 개발하는 방식에 대한 사고나 지난 세기 머리에 스카프를 두르지 않았던 말레이시아 여성의 전통적인 생활방식을 보존하는 일에 관련된 사고 같은 사상과 사고의 미래도 무한하지는 않을 것이다.

그럼에도, 자코모 레오파르디의 말대로 방대한 사상의 바다에 흠뻑 빠져 보는 것도 나쁘지는 않을 것이다.

무장한 타자

샬리니 싱

글을 쓰는 지금 이 순간에도 인도의 수도 뉴델리의 숨이 막힐 것만 같은 공기를 마시며 마른기침에 시달리고 있다. 자극을 유발하는 온갖 물질(석탄, 나뭇잎, 목재를 태우거나 폭죽을 터뜨리는 과정에서 나오는 유독성 물질)이 한데 뒤섞여 있지만, 사람을 죽음으로 몰고가는 이 혼합 물질을 흩뜨릴 바람마저 알 수 없는 이유로 불지 않으면서 대기는 주민들이 견디기 힘들만큼 불쾌하게 변한 상태다. 여기서 자유로울 수 있는 사람은 아무도 없다. 바람은 뉴델리든 락시미 나가르든 아난드 니키탄이든 아난드 비하르든 가리지 않고 공평하게 불기 때문이다. 피할 수 있는 '안전지대'도, 문제를 해결할 디즈니랜드 식 비밀 마법도 없다. 인도에서 가장 값비싼 물품을 판매하는 상업 지구에 자리 잡은 마스크 판매점 앞에는 깨끗한 공기를 마시려는 부유층이 장사진을 친다. 최고의 디자이너가 디자인한 패

턴을 적용한 마스크는 무려 2000인도 루피에 달하는데, 이 마스크를 구입한 부유층은 에어컨을 튼 자동차에 오른다. 한편 가난한 사람들은 저렴한 면 소재의 반다나를 두르거나 사용하기 편한 손수건으로 입을 가리고 거리를 걷는다.

2500만 명이 넘는 인구가 가쁜 숨을 몰아쉬는 와중에 나렌드라 모디Narendra Modi 총리가 500인도 루피와 1000인도 루피 지폐를 법정화폐로 인정하지 않는다고 선언했다. 2016년 11월 8일이라는 날짜는 그 자체로 상징적인 날짜인데, 수비학에서 8은 복원을 의미하는 숫자이기 때문이다. 한편 창조와 파괴를 상징하는 두 개의 원으로 이루어진 8을 수평으로 놓으면 무한대를 상징하는 기호가 된다. 사람들은 이 발표를 믿지 못하겠다는 반응을 보였지만, 그것도 잠시뿐, 이내 이 소식은 인도 사회 곳곳에 파장을 일으켰다. 다음날 아침부터 인도 사회의 경제 사다리에 걸쳐 있는 모든 국민이, 물론 대부분은 사다리의 아래쪽에 걸쳐 있는 사람들이었지만, 은행 바깥에 장사진을 치는 현상이 나타났던 것이다. 인도 사회 전체가 검은 돈을 없애고 '깨끗한' 미래를 열어젖히려고 인도 정부가 제시한 새로운 현실을 받아들이기 위해 안간힘을 쓰는 모양새였다.

불편은 다양한 형태로 나타났다. 하루 치 임금을 포기하고 은행에 나온 노동자들은 구권을 신권으로 교환하거나 현금을 인출하기 위해 은행 앞에 늘어선 구불구불한 줄에 합류해야 했고 고용주들은 반짝반짝 빛나는 분홍색 2000인도 루피 신권을 거슬러 줄 소액권이 없다는 핑계로 임금을 며칠씩 체불했다. 한편 알코올 의존증이 있거나 폭력적인 남편의 눈을 피해 집 어딘가에 고이 모셔 두었던 지폐 뭉치를 꺼낼 수밖에 없는 여성도 있었다. 신중한 여성들이 더 나은 내일을 바라보며 감춰 둔 소중한 비상금이 화폐 개혁의 소용돌이에 휘말린 것이다. 심지어 화폐 개혁으로 인해 목숨을 잃는 사람도 나타났다. 전국적으로 화폐 개혁이 직접적인 원인이 된 사망자가 무려 100여 명에 달했다. 노인들은 은행 앞에 줄을 서 있다가 쓰러져 목숨을 잃었고, 가정주부가 스스로 목숨을 끊었으며, 은행 직원이 스트레스를 이기지 못해 사망했다. 이들은 모두 화폐 개혁 정책의 '부수적 피해'를 입은 사람들이었다.

신용카드를 사용해 곤경을 피할 수 있는 형편이었음에도 나는 평소와 달리 차에 기름을 가득 넣었다. 주유소와 정부가 운영하는 병원은 더 늦은 시점까지 구권을 받아주었기 때문이다. 한편 가정부에게 은행 계좌를 개설하게 한 뒤 나중에 추가 타협이 이뤄질 때까지 초과 현금을 저금해 두도록 지시한 집에 대한 소문도 돌았다.

그로부터 정확히 한 달이 지난 지금, 이 글을 작성하고 있는 노트북 화면 뒤로 보이는 텔레비전에서는 온갖 유형의 부패 행위가 속보로 보도되고 있다. 보도의 중심 인물은 환전 사기에 가담한 은행 직원이다. 인도의 평범한 사무직 직원들이 탈출 마술의 귀재 후디니Houdini로 둔갑하고 인도 기업의 주가드 경영 철학이 인도인의 진정한 재능을 덮어 버리는 순간이다. 그러나 이와 같은 이야기는 이 글의 주제와는 별개의 문제이니 이쯤에서 접어 두기로 하겠다.

환전 수수료를 내면 환전된 돈을 '택배'로 보내주는 서비스에 대해 떠벌이는 투실투실한 엘리트들의 이야기가 세간에 떠돌았고 영화에서는 말쑥하게 차려입은 소셜 미디어 인기인이 친구에게 자기와 가정부가 '똑같은 처지'가 되었다고 말하는 장면이 등장했다. "내 지갑에 고작 300인도 루피밖에 없다니, 도무지 믿기지 않을 거야. 그런데 세상에 가정부 아줌마도 지갑에 300인도 루피를 가지고 있는 것 있지. 그래서 가정부 아줌마에게 아줌마나 나나 똑같은 처지라고 말해줬지." 이 말만 들어보면 정말 공평한 경쟁의 장이 펼쳐진 것만 같다.

요가 수련에서 사르방가사나(어깨 서기 자세)는 하체에 모여 있는 피가 상체로 원활하게 흐를 수 있도록 도움을 주는 자세로, 생명 유지에 중요한 피가 신체 전체에 고르게 흐르도록 하여 사람의 건강을 증진한다. 그러나 요가 수련을 해 본 사람이라면 알겠지만, 사르방가사나 자세를 잘못 취하면 목이나 척추 또는 둘 다 다칠 수도 있다(6월 21일이 세계 요가의 날로 지정될 만큼 많은 사람들이 요가 수련을 하고 있다).

화폐 개혁으로 인해 드러난 단층선은 삶에 중요하게 작용하는 요소인 돈을 바라보는 인도 국민들의 시각을 완전히 바꿔놓을 것으로 보인다. 화폐 개혁을 계기로 부유한 사람들은 가난한 사람들이 얼마나 가난한지 그리고 가난한 사람들은 부유한 사람들이 얼마나 부유한지 깨닫게 되었을 것이다. 그러면 앞으로는 무슨 일이 벌어질 것인가? 화폐 개혁의 소용돌이가 진정된 뒤 이와 같은 양면성이 어떻게 작용할지 시간이 흘러봐야 알 수 있을 것이다.

***

화폐 개혁을 계기로 2010년 고아 주ㅆㅖ에서 겪은 일이 떠올랐
다. 101킬로미터에 달하는 기나긴 해안선을 품고 있는 고아
주는 인도에서 가장 작은 주로, 관광 명소로 널리 알려져 있
다. 당시 나는 환경 기금의 지원을 받아 관광 정책의 문제점과
고아 주 토지 개발에 미치는 시장의 압력에 대해 취재하고 있
었다. 태양의 주Sunshine State라는 별칭을 갖고 있는 고아 주를 심
도 깊게 조사하는 일은 흥미로웠는데, 그 결과 몇 가지 문제가
수면 위로 떠올랐다.

조용한 곳으로 이름난 고아 주는 조용하다는 바로 그 사실
에 마음을 빼앗긴 사람들로 인해 조용한 곳이라는 명성을 위
협받고 있다.* 그 사람들은 바로 돈 있는 계층, 그 중에서도 특
히 델리와 뭄바이 출신으로 고아 주 해변에 부동산을 소유하
고 싶어 하는 사람들이다. 이와 같은 부유층을 위해 지은 아파
트와 별장은 고아 주의 한정된 자연 자원에 부담을 주어 지역
주민과 관광객 사이의 폭력적인 충돌을 야기했다.

고아 주의 주도인 파나지Panaji에서 지역 주민에게 부정적인
영향을 미치는 채굴에 반대하는 시위가 조직되는 과정을 가까
이서 지켜보았다. 지역 주민들의 반대 목소리가 커질수록 이
문제에 대한 취재의 수준도 더 깊어졌다. 지역 주민들과 식사
를 함께하면서 심도 깊은 대화를 나누다 보니 어느 새 외부인
이 아닌 지역의 일원이 된 것 같았다. 도저히 떠날 수가 없어

---

* susegad는 '조용한'을 의미하는 포르투갈어 단어 sossegado에서 유래한 단어다.

서 지원 받은 일정이 모두 끝난 뒤에도 고아에 체류하면서 취재를 이어나갔다. 마침 중년의 지역 활동가인 라마Rama가 나에게 많은 것을 직접 보여주겠다고 나섰고, 라마와 함께 며칠을 이동한 끝에 고아 주 남부 울창한 숲 지대에 자리 잡은 콜람 마을에 도착했다. 라마의 대가족은 자신들이 먹을 쌀밥과 달을 내게 아낌없이 나눠주었고, 이들은 해가 지고 나면 전기가 나가는 마을에 자리 잡은 지붕도 없는 집에서 야생동물과 함께 잠을 청해야 한다는 사실에 공포를 느낀 내 모습에 웃음을 감추지도 않았다.

낡은 천 한 장에 의지해 넓은 바닥에 옹기종기 누운 온 가족이 별빛이 빛나는 하늘을 지붕 삼아 잠을 청하는 사이 도시에서 나고 자란 내 머릿속에는 동물이 나를 해치지 않을까 하는 염려가 자리 잡았다. 전기 시설이 잘 갖춰져 있는 도시의 집에서 조그만 벌레 한 마리가 지나가기만 해도 잠에서 깨던 나였기에 이보다 더한 공포는 없을 것만 같았다. 그렇지만 바람이 문을 두드리는 소리인지 치타가 지나가는 소리인지 생각하지 않기로 하고 애써 눈을 감았다. 그리고 다음날 아침 눈을 뜬 나는 작은 성취감을 느낄 수 있었다. 라마는 집 인근에 숨어 있는 작은 샘으로 나를 안내하고는 물을 직접 마시는 시늉을 했다. "정말 이 물을 거르지 않고 마실 수 있나요?" 내가 손으로 컵 모양을 만들어 보이며 묻자 라마가 미소를 지으며 고개를 끄덕였다. 그 순간 나는 서로 다른 세계에 속한 우리 두 사람 사이에 유대감이 형성되었다는 사실을 실감할 수 있었다. 다음에 일어날 일과는 반대로 물에서는 신성함마저 느껴

졌다. 라마의 낡은 자동차를 타고 채굴 현장을 둘러보니 푸른 나무들이 마치 말라붙은 피처럼 보이는 붉은 먼지를 뒤집어쓰고 있었고 파헤친 진흙 구덩이는 누군가 의도적으로 낸 상처처럼 보였다. 라마와 나는 채굴이 이루어지는 지역에서 흔히 볼 수 있는 공기 중에 떠다니는 먼지 입자가 유발한 진폐증 같은 호흡기 질환에 시달리는 자녀를 둔 가족과 발파 과정에서 발생한 폐기물을 높이 쌓아올리는 바람에 집이 폐기물 더미 사이에 갇혀 버릴 위기에 처한 가족을 만나 이야기를 들었다. 채굴 현장 지역에는 장애물로 에워싼 검문소가 자리 잡고 있었으므로 불길한 기운이 감돌았지만 배짱 있는 트럭 운전사의 배려로 트럭에 몸을 숨긴 채 채굴 현장에 들어갈 수 있었다. 관련된 사람과 관련된 장소만 다를 뿐 고아 주 북부에 자리 잡은 채굴 현장의 사정도 이곳과 다를 것이 없었다. 그러나 고아 주의 문제가 사람들에게 큰 관심을 받지는 못할 터였다. 전 세계 곳곳에 자리 잡고 있는 채굴 현장과 채굴로 인해 부정적인 영향을 받는 지역 주민 문제에 대한 논쟁이 많은 탓도 있지만 지속 가능한 채굴 방법에 대해서는 논의조차 되고 있지 않는 것이 현실이기 때문이다. 설혹 이따금 지속 가능한 채굴 방법에 대한 논의가 이루어진다 하더라도 그것은 광산업의 끔찍한 현실을 감추기 위한 수단으로 악용될 뿐이다.

가장 먼저 눈에 띄는 현실은 도저히 그냥 지나칠 수 없는 극심한 불평등이었다. 인구가 많지 않은 고아 주는 문맹률도 낮은 편인데, 최상위 광산 회사들은 고아 주 전체가 벌어들이는 수입보다 더 많은 이윤을 긁어모았다. 한편 고아 주에서 생산된 양보다 더 많은 철광석을 중국에 수출하고 있었다는 사실로 보아 불법 행위를 의심해 볼 수 있었다. 회계와 관련된 부패가 심각하다는 의미였지만 당시 고아 주 주지사 및 광산 회사 회장들과의 인터뷰는 우호적이지 않았고 나는 이 모든 이야기를 사실대로 기록했다.

어느 날 오후 파나지에서 라마, 학생 활동가인 세비Seby와 함께 맛있는 생선 탈리thali를 먹으면서 이야기를 나눴다. 주로 건강 문제와 수십 년 넘게 두 사람의 생활을 규정해온 끝없는 자원 전쟁 같은 이야기가 도마에 올랐다. 1993년 라마와 라마의 아버지는 국가가 광산 회사에 임대한 토지를 지키기 위해 법정에 섰다. 광산 회사는 라마가 거주하는 마을의 비옥한 토지를 다른 마을에 팔아넘겼다. 고전적인 수법의 강탈이었다. 라마와 라마의 아버지가 행동에 나서면서 불법 광산은 문을 닫았지만 정부는 라마와 라마의 아버지를 체포해 투옥했고 3년에 걸친 법정 싸움 끝에 합의가 이뤄졌다. 라마의 아버지는 마을의 땅을 보존해야 한다고 말했고 라마는 '싸움에서 이겨 끝내 웃을 수 있었다'고 말했다. 내가 속사포처럼 질문을 쏟아 부었지만 두 사람은 나의 질문에 차분하게 대응했다.

***

1년 뒤 마하라슈트라 주 가드치롤리Gadchiroli에 자리 잡은 부족 마을 멘다 레카Mendha Lekha에서도 그와 같은 인내와 끈기를 만나 볼 수 있었다. 멘다 레카 마을은 인도 정부와 낙살라이트 (인도 농촌 지역에서 활동하는 마오주의를 표방하는 반군) 사이에 벌어진 전쟁에 휩싸여 있었음에도 2006년 제정된 역사에 길이 남을 숲 관련 권리 수호법Forest Rights Act을 바탕으로 자신들의 권리를 평화롭게 지켜낼 수 있었다. 숲 관련 권리 수호법은 10여 년 뒤에는 기대에 못 미친다는 평가를 받았지만 그럼에도 이 법은 기존에는 없었던 필수적인 권리들을 제공했다. 멘다 레카 마을 주민을 이끌고 숲 관련 권리를 확보하는 데 기여한 사람은 간디주의자인 모한 히라바이 히라랄Mohan Hirabai Hiralal이다. 그는 마을 주민들이 숲에서 난 산물, 특히 정부와 마을 주민 사이에 논란이 되었던 대나무를 통해 소득을 얻고 그 소득을 스스로 관리할 수 있도록 지원했다. 특히 인상적이었던 것은 마을을 운영하는 방식이었다. 멘다 레카 마을은 '합의에 의한 운영' 방식을 바탕으로 삼고 있다. 그렇기에 모든 마을 주민이 동의하지 않으면 아무 결정도 내릴 수 없었다. 한편 멘다 레카 마을의 운영 방식에는 알코올 의존증을 가진 주민에 대한 집단 상담 사업도 포함되어 있다. 이는 어디에서도 유례를 찾아볼 수 없는 멘다 레카 마을만의 독창적인 운영 방식이다.

멘다 레카 마을 주민들이 숲 관련 권리 수호법을 통해 몇 가지 권리를 확보했다면 인도 동부 오디샤 주에 자리 잡은 마을들은 한국 대기업 포스코가 진행하는 대형 사업으로 인해 고통을 받았다. 인도 정부는 포스코의 대규모 투자를 내세우면서 오디샤 주에 자리 잡은 마을 주민들을 설득했다. 이와 같은 국가의 강압은 주민들이 쉽게 감당할 수 있는 것이 아니었다. 오디샤 주에 자리 잡은 마을 주민들은 헤브론, 가자 지구, 노스 다코타 주 스탠딩 록 인디언 보호구역, 루이지애나 주 해안 지역에 거주하는 사람들과 같은 처지에 놓이게 되었는데, 팔레스타인에서 사용하기 시작한 개념인 수무드sumud(결의)는 바로 이러한 곳에서 국가와 기업의 폭력에 맞서 싸우는 모든 사람들이 보여준 용기를 의미한다. 인도 정부는 5200억 인도 루피 규모의 대형 철강 사업이 지연되도록 내버려둘 생각이 없었다. 2011년 포스코 사업 부지로 선정된 오디샤 주 관내 마을 두 곳이 숲 관련 권리 수호법의 일환인 그밖의 전통적인 숲 주민Other Traditional Forest Dwellers 조항에 따른 권리를 보호 받지 못했다고 문제를 제기했다. 문제를 제기한 마을 두 곳은 포스코의 철강 사업에 동의한 적이 없다고 주장했다. 포스코가 벵골 만의 어느 항구에 조성 중인 철강 공장이 본격적으로 가동하면 소규모 어촌 마을이 유사 이래 생계를 의지해왔던 어장뿐 아니라 여러 가족에게 약간의 소득을 안겨주는 베틀후추나무 농장도 황폐화될 터였다. 오디샤 주는 예로부터 사람들이 즐겨 씹었고 지금도 대중의 사랑을 받는 베틀후추 잎을 생산하는 지역이라는 사실에 자부심을 느껴 왔지만 물고기와 베틀후추나무는 이제 국가에 이익이 되는 철강에 밀려날 신세가 되었다.

　포스코와 포스코가 벌이는 사업에 대한 주민들의 의견이 갈라지면서 포스코 사업 부지로 선정된 곳은 주민 간 반목의 공간으로 바뀌었다. 포스코 사업에 찬성하는 주민들은 포스코 사업에 반대하는 주민들을 '외부인'으로 간주했다. 과거 마을 주민의 동질감의 근원이었던 토지는 포스코 사업에 찬성하는 주민들을 위한 '임시 수용소' 건설에 사용되었고 포스코 사업에 반대하는 주민들은 같은 마을 사람들의 등쌀에 밀려 마을로 돌아갈 수 없는 '오갈 데 없는 처지'가 되었다. 환경부 산하 조사위원회는 포스코 사업 부지로 선정된 마을에 단층선이 존재한다는 사실을 인정했다. '포스코 사업 부지로 선정되면서 과거 평화로운 농촌이었던 마을 여덟 곳에서 주민들 간에 반목이 일어나고 서로 적대하게 되어 안타까움을 금할 수 없다.'

그로부터 1년 뒤인 2012년에 나는 대통령 선거를 취재하기 위해 기자 자격으로 한국에 석 달 가량 체류하게 되었다. 현장 취재 일정에는 한국에서 가장 큰 '성장 동력' 가운데 하나인 포스코 본사 취재도 포함되어 있었다. 그 과정에서 비공식적이기는 하지만 포스코가 사업을 영위하는 지역의 주민과 자연 자원이 포스코가 영위하는 사업으로 인해 큰 피해를 입었다는 사실을 확인할 수 있었다. 한편 포스코는 인도의 큰 주 하나와 맞먹는 규모이면서 비교적 단일한 신념 체계를 유지해온 한국의 경제 성장에 기여한 기업이다.

대형 사업이 진행되면 언제나 피해자가 발생하기 마련이다. 문제는 피해자가 되고 싶은 사람은 없다는 것이다. 그렇다면 피해를 입는 사람들은 누구이고 무슨 이유로 피해를 입어야 하는가? 또한 개발을 위해 희생이 불가피하다는 생각을 영속화하는 사람들 중에서는 피해자가 나오지 않는 이유는 무엇인가?

인도는 비교적 가난할 뿐 아니라 불평등도 극심한 편이

다. 그럼에도 발전과 애국주의를 부르짖으면서 '선진'국 반열에 올랐다고 주장하고 있는 형편이다. 만일 더 많이 생산해야만 한다면 피해를 유발하지 않을 방법은 있는가? 생산하되 피해가 발생하지 않도록 균형점을 찾을 수 있는가? 상대방의 의견에 귀 기울일 수 있는가? 오늘날 사람들을 갈라놓는 바로 그 문제가 사람들을 한데 묶는 이유가 될 수 있는가? 타자가 형제로 바뀔 수 있는가? 세계사회포럼World Social Forum 같은 행사를 개최함으로써 양심을 되찾고 더 많이 참여할 수 있는 장을 열 수 있는가?

***

나는 델리를 생활 터전으로 삼은 어느 핵가족의 구성원으로 성장했다. 나는 과학의 대중화라는 대의를 위해 평생을 바친 마르크스주의자 할아버지와 가족의 복리를 대의명분으로 삼은 보수적인 어머니를 보면서 자랐다. 할아버지는 신념에 따라 집안일을 스스럼없이 도와주셨다. 이를테면 어린 나를 돌보는 엄마를 위해 의자를 가져다 주신다거나 이모가 촬영하는 영화 제작 팀원들의 자녀들을 집으로 초대해 저녁 식사를 함께하기도 했다. 어머니는 우리 가족이 아닌 외부인들이 할아버지의 행동을 다른 의미로 오해할까봐 남모르게 경악하곤 하셨다. 두 사람 모두 악의를 가지고 있는 것은 아니었다. 어머니가 길 잃은 강아지를 돌보거나 일을 도와드리면 애정을 듬

뿍 담아 안아주셨던 반면 무뚝뚝한 할아버지는 공정한 임금을 주시거나 밥을 먹는 수준 이상의 애정 표현은 하지 않으셨다. 그렇지만 두 분은 서로의 견해를 존중했기에 옳고 그름을 가리는 다툼은 일어나지 않았다. 이중성을 몸소 체험하면서 살았던 나는 마음에 드는 것을 자유롭게 선택할 수 있었는데, 최종적으로 내가 선택한 것은 인내심과 실용주의였다.

지난 4년 동안 젠더 문제에 많은 관심을 기울였다. 인도의 새로운 여성 정책에 대한 글을 썼고 고독한 싸움을 이어 가는 어느 장애인 여성 활동가의 이야기를 다루기도 했다. 그럼에도 변화되어야 할 사안들이 여전히 산적해 있다. 아직까지는 늦은 밤, 사람이 없는 텅 빈 거리를 혼자 걷거나 차를 몰고 갈 엄두가 나지 않는 것이 사실이기 때문이다. 올해 초 델리 중심가에 자리 잡은 로디 가든(술탄 제국 마지막 왕조의 무덤 유적지를 공원으로 꾸민 곳-역자)에서 폭행을 당해 경찰에 신고한 일이 있었다. 나는 경찰과 함께 폭행 장소로 다시 가서 상황을 설명하며 조사를 도왔고, 폭행을 당했다는 사실을 트위터에 올리면서 주지사를 비롯한 관계 당국자들을 태그했으며, 매일 저녁 로디 가든을 산책하면서 마주치는 사람들에게 폭행이 일어났다는 사실을 알렸다. 내가 여권 신장을 위해 활동한다고 해서 생활의 모든 것이 바뀌는 것은 아니겠지만 적어도 여성을 괴롭히는 사안들을 제거해 나갈 수는 있지는 않을까? 물론 여성이 폭행당했다는 사실을 경찰에 신고한다고 해서 크게 바뀌는 것은 없다는 것이 오늘날 인도의 현실임을 잘 알고 있었기에 별다른 기대는 하지 않았다. 하지만 다음날 놀라운 사실을 알게 되었다. 내가 폭행을 당했던 장소에 가로등이 새로 설치되어 어두웠던 곳을 환하게 밝히고 있었던 것이다. 마하트마 간디의 말은 틀리지 않았다. "조용한 방법으로도 충분히 세상을 뒤흔들 수 있습니다."

2013년 12월 16일 델리에서 젊은 여성이 윤간을 당하는 사건이 일어났다. 이 사건을 계기로 슬픔에서 분노에 이르는 다양한 감정이 한꺼번에 표출되었다. 남녀를 불문한 젊은이들은 거리 행진을 하면서 시위를 벌였다. 이와 같은 행동은 소비자로서의 권리에 대한 자각의 표현일까? 아니면 그 이상의 의미를 지니는 것일까? 기업과의 협상에 실패하여 삶의 터전을 잃은 마을 주민과도 연계된 것일까? 이 사건을 인도의 봄이라고 해도 괜찮을까? 거리로 나서 반대 목소리를 높이는 젊은이들의 심리에 대해 자세히 알아보고자 어느 저명한 정치 심리학자를 찾아갔다. 그는 이렇게 설명했다. "이란, 이집트, 인도, 터키는 절망의 정치를 펴고 있습니다. 정권에 실망한 사람들 사이에서는 절망과 자기 도취가 공존합니다. 절망적인 현실을 부정하고 싶은 마음에 자기 도취라는 벽을 세우는 것입니다. 이를테면 도색 잡지가 유행하거나, 화려한 휴가를 보내는 것이 일상화되거나, 가상현실에 심취하거나, 국가 발전에 대한 지나친 자부심을 갖거나, 부자들의 생활습관 병이 만연하는 현상은 모두 그 일환으로 생각할 수 있습니다."

인도의 봄은 없었다. 그러나 사람들의 불만은 지금까지 알려지지 않은 새로운 방식으로 조금씩 커질 수 있다. 그 속도를 예측할 수 있는 사람은 없다. 따라서 사회의 균열은 언제든 커질 수 있을 것이다.

불안을 유발하는 교통 정체에 사로잡힌 어느 날 친한 친구에게 전화를 걸었다. 힌두 브라만 계급으로 태어났지만 인도의 계급 문화를 비웃으면서 미국에서 유학하는 동안 접한 미국 보수주의와 인도의 계급 문화를 동일시하는 친구였다. 나는 친구에게 실망감과 분노를 토로했다. "언젠가는 평범한 사람들이 진짜로 분노해 자기 권리를 주장하기 시작할거야. 그런 날이 오면 조금은 희망이 보일 것 같아." 내 말을 들은 친구는 파키스탄의 지아울 하크Ziaul Haq 독재정권 아래 숨 막히는 현실에 저항하면서 파이즈 아메드 파이즈Faiz Ahmed Faiz가 1979년 만든 노래 <보게 되리 Hum Dekhenge>를 불렀는데, 그 주요 대목을 여기에 소개한다.

우리도 보게 되리.

신께서 정하신

약속의 그 날을.

의견을 함께하는 친구와의 우정에 쉽게 금이 가지는 않을 것이다. 의견을 함께하는 사람과 같이 있으면 분명 마음의 평안을 얻을 수 있다. 그렇지만 항상 의견이 일치한다면 과제를 극복하는 과정에서 이룰 수 있는 성장을 기대할 수 없다는 것도 사실이다. 중요한 것은 상대방이 나와 다르다는 사실을 존중하고 나와 다른 의견에 귀 기울일 수 있어야 한다는 것이다.

오늘날 세계 곳곳에서 우파가 맹렬한 기세로 득세하는 반면 이상과 '현실적인 대안'을 상실해 고심하고 있는 좌파는 하락세를 면치 못하고 있는 실정이다. 민주주의 사회에서는 다양한 목소리가 존재하는 것이 이상적이다. 그리고 인도는 민주주의를 원칙으로 삼고 있는 나라다. 그렇다면 오늘날의 인도 좌파는 자유를 찾기 위해 투쟁했던 식민지 이전 시기와 식민지를 벗어난 이후 대부분의 시간 동안 지켜온 좌파의 정체성을 이어나갈 수 있는가? 즉, 위험한 미래를 향해 무모하게 돌진하는 인도의 양심을 대변하는 목소리가 될 수 있는가?

표현의 자유를 억압하는 온갖 유형의 검열에 저항해야 하는 오늘날 이란의 젊은 극작가인 낫심 술리만푸어Nassim Soleiman-pour에게서 교훈을 얻을 수 있다. 희곡 〈흰 토끼 빨간 토끼 *White Rabbit Red Rabbit*〉(2010)가 15개 이상의 언어로 번역되고 전 세계에서 공연되는 기염을 토하면서 이란을 떠날 수 있게 되자 베를린에 정착한 낫심 술리만푸어는 〈흰 토끼 빨간 토끼〉를 통해 기존에 알려진 모든 권력 관계를 지적 차원에서 효과적으로 전복한다. 그는 심지어 공연장을 평가하는 방식조차도 성찰의 대상이 되어야 한다고 주장한다.

스티븐 호킹Stephen Hawking은 전 세계의 지식인에게 위험한 정책 방향을 지향하는 전 세계 정권에 신속하게 대응해야 한다고 주문했다. 우리도 그렇게 할 수 있을까? 인간성을 되찾아야 한다고 요청한 작가 조지 몬비오George Monbiot처럼 인간성 회복을 요구하지 못하는 이유는 무엇인가? 타인을 배려하고 타인에게 공감하려는 사람의 생각을 시대에 뒤떨어진 순진한 생각이라고 치부하고 이상주의를 무시하는 이유는 무엇인가?

세상에서는 가진 사람과 가지지 못한 사람, 남성과 여성, 부자와 가난한 사람을 구분하고 카스트나 종교에 따라 사람을 분류하며, 각국을 비교하는 구분선도 존재한다. 그 선을 유지하는 것이 아니라 양측이 더 수월하게 왕래할 수 있도록 지원하는 가교가 되고자 해야 하고 민주주의를 떠받치는 네 번째 기둥의 일환이라고 여기는 것을 최선을 다해서 기록해야 한다. 어쩌면 그보다 더 쉬운 해답이, 그보다 더 명확한 이상이 존재할 지도 모를 일이다. 그러나 중요한 문제라고 여기는 것에 대해 이야기하려고 애쓰는 사람이 '지나친 동정심을 발휘하는 히피 공산주의자'라는 조롱을 듣곤 하는 것이 오늘날의 안타까운 현실이다.

최후의 강을 앞에 두고

수전 아불하와

2016년 12월 2일 일명 **검은 뱀**으로 불리는 다코타 액세스 송유관Dakota Access Pipeline 건설 중단을 요구하는 미국 원주민의 역사적인 투쟁에 동참하기 위해 30명의 제대 군인과 함께 뉴욕 시에서 출발하는 버스에 몸을 실었다. 버스는 38시간쯤 뒤 노스 다코타 주 스탠딩 록에 도착했다. 나오미 클라인이 '화석연료 희생 구역'이라고 칭할 법한 곳이었다.

교착 상태는 4월에 시작되었다. 라코타 수Lakota Sioux 족은 미주리 강 바닥을 뚫고 지나갈 예정인 송유관 매립 지점에 모여 기도를 드리면서 시위를 벌였다. 송유관이 미주리 강 바닥을 뚫고 지나가게 되면 노스 다코타 주에 자리 잡은 수 족에게 유일하게 남은 식수원이 오염될 위험이 있었기 때문이다. 가장 먼저 시위대에 합류한 사람 가운데 한 명인 라돈나 브레이브불 알러드LaDonna Bravebull Allard는 '물을 수호해야 한다'는 간단

한 성명을 발표하고 신성한 돌Sacred Stone이라는 이름의 캠프를 설립했다. 물 수호에 나선 사람들은 불과 몇 주 만에 300곳이 넘는 미국 원주민 부족을 아우르는 연합 조직을 형성했고 바로 전 세계 곳곳의 원주민 부족과 억압받는 국가들도 연대 의사를 표시해왔다. 일명 오세티 사코윈Oceti Sakowin(일곱 회의 모닥불)이라고 불리는 야영지 입구에는 주변부로 밀려난 사람들의 연대를 상징하는 깃발이 펄럭였고 14000명에 이르는 사람들이 모여들었다. 다코타 액세스 송유관 매립을 주도하는 기업인 에너지 트랜스퍼 파트너스Energy Transfer Partners, ETS는 물 수호를 위해 모인 사람들을 해산시키려고 처음에는 전투견을 풀었고 나중에는 영하의 날씨에도 아랑곳하지 않고 사람들을 향해 물대포를 쏘아댔다. 그러나 수 족과 그들을 지원하기 위해 오세티 사코윈에 모인 사람들은 물러서지 않았다.

미국 원주민을 정복하고 북미 대륙 전체에 대한 지배권을 확보하기 위해 백인이 벌인 최후의 전투가 시작된 지역은 오세티 사코윈에서 그리 멀지 않은 곳이었다. 문제는 1874년 조지 암스트롱 커스터George Armstrong Custer 장군이 신성한 라코타 블랙 힐Lakota Black Hills에서 금을 발견하면서 시작되었다. 이 지역은 1868년 맺은 포트 래러미 조약Fort Laramie Treaty에 따라 라코타 인디언이 '영구' 소유권을 인정받은 지역이었다. 포트 래러미 조약 내용이 명확했고 블랙 힐이 라코타 인디언의 정신적 지주 같은 장소였음에도 율리시스 S. 그랜트Ulysses S. Grant 정부는 금광 개발 업체와 토지 투기꾼의 편에 서서 인정사정없이 군사 행동을 감행해서 라코타 인디언의 영역을 장악했다. 몇 세기 전 시작된 이른바 '인디언 전쟁Indian Wars'의 일환으로 벌어진 이 전투를 마무리 짓는 과정에서 운디드 니 크릭Wounded Knee Creek에서 벌어진 대량학살 같은 잔혹 행위가 이어졌다. 세기가 바뀔 무렵까지 이어진 인디언 전쟁의 결과 1600만 명에 달하는 원주민이 사망했고 수백 곳의 원주민 문화와 언어가 자취를 감췄으며 북미 지역에서 서식하는 들소 중 90퍼센트가 사라졌다. 그리고 그로부터 한 세기도 더 지난 오늘날, 같은 장소에서 같은 이유로 원주민에 대한 공격이 자행되고 있다. 에너지 트랜스퍼 파트너스, 지역 경찰, 에너지 트랜스퍼 파트너스가 고용한 민병대는 식민지 시대에 온갖 불법 행위를 자행했던 조지 암스트롱 커스터 장군의 유지를 따르고 있고, 무장하지 않은 민간인으로 구성된 물 수호 시위대는 모두가 입을 모아 미국에서 가장 위대한 전사라고 이야기하는 크레이지 호스Crazy Horse 같은 영웅적인 지도자의 정신을 이어가고 있다.

방울뱀의 꼬리보다 더 우아한 것은 없다

　캠프 인근 언덕 꼭대기에 민병대와 주 경찰이 동원한 무장 차량이 자리 잡았다. 낮에는 캠프를 감시하는 드론이 머리 위를 윙윙거리며 날아다녔고 밤에는 투광 조명등이 캠프를 환하게 밝혔다. 오세티 사코윈은 완벽한 장소가 아니었다. 사랑이 넘치고 모두가 한마음이 되는 유토피아는 더더욱 아니었다. 오세티 사코윈에서 나는 각 부족에 속한 개개인들이 탐욕

과 부패에 쉽게 물들 수 있다는 사실을 깨달았다. 그렇더라도 오세티 사코원에 참여한 사람이라면 누구나 덜 파괴적인 방식을 지향하는 더 나은 사회의 모습을 어렴풋이 볼 수 있었다. 오세티 사코원에 모인 사람들은 같은 목적을 향해 나아가면서 생활을 같이 하는 공동체라는 인식을 가지고 있었고 희망, 창조성, 신비, 신성한 느낌에 휩싸여 있었다. 오세티 사코원에 모인 사람들은 춤을 추고 노래를 부르며 그 신성함을 기렸고, 기도 드리고 명상했다. 꺼지지 않고 타오르는 신성한 모닥불에 샐비어와 담배를 던져 넣었으며, 체온을 유지하기 위해 최대한 노력하면서 요리하고 청소했다. 심지어 이곳에서 출산한 여성도 있었다. 오세티 사코원에 모인 사람들은 모두 서로를 배려했고 함께 먹고 마셨으며 함께 일했고 자신이 가진 재능을 나눴다.

나오미 클라인은 자연의 재생산 주기에 부합하는 전통적인 방식으로 생활을 조직하는 사회에 대해서 언급했다. 인간의 경험을 특별한 것으로 여기면서 앞세우고, 인간이 다른 모든 것을 지배해도 된다고 여기는 서양의 사회철학과는 다르게 원주민 부족에게서 유래한 삶에 대한 관찰에서 비롯된 철학은 주로 속담의 형태로 전해진다. 이 철학에서는 더 거대한 자연 질서의 한 부분인 인간이 겸손해야 한다는 점을 강조한다. 이와 같은 철학을 토대로 형성된 문화에서는 자연 세계에 대한 신성한 믿음을 간직하고 있다가 미래 세대에게 물려준다. 미국 원주민의 속담에 이런 말이 있다.

땅을 소중히 대하라. 부모님께 물려받은 재산이 아니라 자녀에게 진 빚이기 때문이다.

이와 같은 사회가 품고 있는 생태 문화적 관습은 미래 세대를 위한 환경 보호뿐 아니라 인간이 아닌 생명체에 대한 인간의 책임도 강조한다.

새, 동물, 물고기, 나무 같이 말 못하는 존재들이 살아갈 수 있도록 숲을 보호해야 한다.
  - 콰치나스Qwatsinas(에드워드 무디Edward Moody 세습 족장), 눅사크 족.

한편 이와 같은 사회는 살아 있는 모든 것이 상호 의존하고 있다는 사실을 인식한다.

나무는 사람이 내뿜는 공기를 들이마시고 사람은 나무가 내뿜는 공기를 들이마신다. 따라서 사람과 나무는 운명 공동체이다.
  - 플로이드 레드 크로우 웨스터맨Floyd Red Crow Westerman, 수 족 장로.

또한 생명을 경이롭게 여긴다.

방울뱀의 꼬리보다 더 우아한 것은 없다.
                                          - 나바호 족 속담

(...) 그리고 환경을 구성하는 모든 요소를 개개인의 정체

122

성에 엮어 넣는다.

> 태양은 내 몸을 따사롭게 비췄고 바람은 내 몸을 흔들었다. 나무는 나와 다른 모든 인디언의 안식처가 되었다. 어디를 가든 평안할 수 있다.
>
> - 제로니모Geronimo

문화 담론을 도식화할 수 있다면 서양의 문화 담론은 X축을 기점으로 뻗어 올라가기 위해 필요한 것이 무엇인지 인식하거나 의식하지 못한 채 Y축 방향으로 한없이 뻗어 올라가는 직선으로 표현할 수 있을 것이다. 반면 원주민 부족의 문화 담론은 마치 드림 캐처(고리를 기본으로 아메리카 인디언이 만든 장식품을 말한다-역자)처럼 인간, 동물, 식물이 서로 교차하면서 안정적인 모습을 유지하는 원으로 표현할 수 있다.

> 인디언 한 명이 수행하는 모든 일은 원 안에서 이루어진다는 사실을 알게 되었을 것이다. 그 이유는 세계의 힘이 원 안에서 작용하기 때문이다. 따라서 모든 것은 원을 지향한다. (…) 하늘은 둥글다. 땅도 공처럼 둥글다고들 한다. 당연히 모든 별도 둥글 것이다. 바람은 소용돌이칠 때 가장 강한 힘을 발휘한다. 새는 둥지를 둥근 모양으로 짓는다. 그들의 종교가 우리의 종교와 같기 때문이다.
>
> - 블랙 엘크Black Elk, 오글라라 수 족 제사장

오세티 사코원에 모인 사람들이 야생이 번창하고 강이 힘차게 흘러가는 녹색 지구와 파란 하늘을 꿈꾼 반면에 언덕 꼭대기에 자리 잡은 세력들은 석유를 유출하고 석유를 태워 지구의 숨길을 막아 버리고 지구를 병들게 하는 화석연료라는 괴물을 지탱하는 데 필요한 동맥과 정맥을 더하기 위해 애썼다. 그들은 지구를 점령하고 파헤쳐 광물과 석유 같은 자원을 채취하고 나무를 베어 내고 불태울 뿐 아니라 벽을 세워 지구에 깃들어 살아가는 생명의 왕래를 가로막아 지구를 병들게 한다.

오늘날에는 생명과 자본주의가 어깨를 나란히 하면서 모순을 극명하게 드러내고, 탄생과 사망이 한자리에 공존하며, 제국이 무기를 손에 쥐고 자신을 지탱하는 수많은 빈곤한 사람들을 탄압하는 스탠딩 록 같은 희생 구역을 어디서나 쉽게 찾아 볼 수 있다. 지구에 산소를 공급하는 폐이면서 생물 다양성의 보고인 아마존은 서서히 그러나 돌이킬 수 없는 방식으로 사라져 가고 있다.[*][**] 벌목 회사, 육류를 탐하는 서양 사람들의 입맛에 부응하는 대형 식품 회사에 고기를 납품하는 목장주, 석유 화학 기업, 소매 업체가 대규모 산림 파괴, 자원 고갈, 오염, 토지 및 수질의 저하, 멸종을 주도하고 있다.[***][****] 예를

---

[*] http://adsabs.harvard.edu/abs/2013AGUSMGC21A..05S (2018년 9월 6일 확인.)

[**] http://www.sciencemag.org/news/2015/08/meat-eaters-may-speed-worldwide-species-extinction-study-warns (2018년 9월 6일 확인.)

[***] https://www.theguardian.com/environment/2009/may/31/supermarkets-amazon-cattle-deforestation-greenpeace (2018년 9월 6일 확인.)

[****] https://www.theguardian.com/environment/2009/may/31/cattle-trade-brazil-greenpeace-amazon-deforestation (2018년 9월 6일 확인.)

124

들어 (쉐브론Chevron에 합병된) 텍사코Texaco는 에콰도르에 속하는 아마존의 원시림과 강 및 그 지류에 무려 180억 갤런의 유독성 폐기물을 투기했고, 수백 갤런의 원유를 유출했으며, 유해한 폐기물로 가득한 통풍공 수백 개를 경고 시설 하나 설치하지 않은 채 방치했다. 야생 동식물과 원주민이 입은 피해는 이루 말할 수 없다. 활동가, 언론인, 법률가들이 이 지역의 환경을 보존하기 위해 나섰지만 쉐브론이 고용한 폭력배와 민병대의 압력에 이내 굴복해 침묵하고 말았다.* 뿐만 아니라 인도 보팔에서는 유니언 카바이드Union Carbide에서 흘러나온 유독성 물질로 인해 수십만에 달하는 사람, 소, 새, 개, 고양이 등 여러 생명이 목숨을 잃거나 병드는 일이 벌어졌고 방글라데시에서는 서양 의류 회사에 의류를 납품하는 라나 플라자Rana Plaza 공장이 무너져 1337명이 목숨을 잃고 일부는 시신조차 찾지 못하는 일이 일어났다. 무너진 공장에서 근무한 3500명이 넘는 의류 공장 노동자들은 시간당 0.12달러에서 0.24달러를 받으면서 일주일에 90시간에서 100시간을 일하는 상황에 처해 있었다. 이에 더해서 이 섬유 공장에서 대량으로 배출한 유독성 물질이 강을 오염시키는 바람에 많은 사람들이 병들고, 물고기가 떼죽음을 당했으며, 유독성 물질로 오염된 강물이 여러 해 동안 끈질기게 범람해 주변의 논에 피해를 입힌 사실은 잘 알려지지 않았다.** 한편 코카콜라, 네슬레, 베올리아Veolia,

---

* http://www.mintpressnews.com/chevron-blasted-for-rainforest-chernobyl-and-mob-like-tactics-to-silence-critics/177640/ (2018년 9월 6일 확인.)

** http://www.nytimes.com/2013/07/15/world/asia/bangladesh-pollution-told-in-colors-and-smells.html (2018년 9월 6일 확인.)

펩시 같은 기업은 전 세계에서 물을 끌어다가 일회용 플라스틱 병에 담아 판매하고 있다. 한 번 사용된 일회용 플라스틱 병은 매립지와 바다에 버려져 수천 마리의 물고기와 바닷새의 목숨을 앗아 가고 있다. 유전자 조작 식품GMO의 최대 생산자인 몬산토Monsanto는 지구의 자연 식품 자원을 특허 받은 종자로 대체해 나가고 있다. 덕분에 1000년이 넘는 시간 동안 서서히 발달해온 자연 종자가 사라지고 예로부터 물려 내려온 농업이 해체되고 있으며 소비자들은 건강에 위험한 식품을 사 먹어야 하는 처지에 놓이게 되었다. 몬산토는 미군이나 세계은행World Bank, 국제통화기금International Monetary Fund, 세계무역기구 World Trade Organization 같은 초국적 자본주의 기구의 강력한 힘을 앞세워 전 세계 각지의 농업을 접수하고 있다. 이처럼 기업이 자행하는 범죄의 규모는 상상하기조차 어려울 만큼 어마어마하다. 다우 케미컬Dow Chemical, 포드 자동차Ford Motor Company, 딘코프DynCorp, 핼리버튼Halliburton, 듀퐁DuPont, G45, 켈로그Kellogg, 브라운 앤 루트Brown and Root, 록히드 마틴Lockheed Martin, 화이자Pfizer, 필립 모리스Philip Morris, 카길Cargill 등 헤아릴 수 없이 많은 기업들이 오직 이윤을 위해 사회를 초토화시키고 지구에 최악의 상처를 남기고 있기 때문이다. 식품, 물, 나무, 야생 동식물, 해양 생물, 대양, 지속 가능한 생태계, 전 세계의 미래가 **사실상** 정부를 이용해 사회를 뒤흔드는 다국적기업과 소수의 지배 계층이 좌우하는 상품으로 변모해 버렸다.

　　나오미 클라인은 이렇게 기록한다. '이런 일이 벌어지는 이유는 세계에서 가장 부유한 국가에서 생활하는 가장 부유한

126

사람들이 기후 변화가 미치는 가장 큰 영향을 자신들 대신 누군가가 짊어질 것이기 때문에 자신들의 신상에는 문제가 없을 것이라고 생각하기 때문이다.' 잘 먹고 잘 차려입은 이 사람들은 동일한 계급의식을 바탕으로 결탁하여 자신들의 우월성을 내세우면서 전 세계의 모든 생명에 그 마수를 뻗친다. 대단하지는 않지만 당면한 사리사욕에 눈이 먼 이 사람들의 소름끼치는 심사숙고와 가늠할 수 없는 무관심 덕분에 희생될 처지에 놓인 존재를 지목하기란 그리 어렵지 않다. 바로 오랑우탄, 표범, 고릴라, 코끼리, 사람, 기어다니고 윙윙거리며 뛰고 헤엄치며 나는 존재들, 원시림 대부분, 영원히 존재할 것만 같은 강과 대양, 하늘과 공기이다. 그러나 이 존재들을 책임질 수 있는 구조는 사실상 존재하지 않는다. 심지어 이와 같이 쉽게 전이되는 범죄를 묘사할 만한 용어나 언어가 존재하지 않을 뿐 아니라 이와 같은 범죄를 저지르는 사람들에게 적용할 수 있는 실질적인 처벌 조치도 없는 실정이다.

크리 족 속담에 이런 게 있다. '마지막 나무가 사라지고 최후의 강이 오염되어 마실 수 없게 되고 마지막 물고기를 잡아먹은 연후에야 돈을 먹을 수 없다는 사실을 깨닫게 될 것이다.'

사실 마지막 나무가 사라질 때까지 기다릴 필요도 없다. 우주에서 지구로 쏟아지는 열, 방사선, 그밖의 매우 유해한 물질을 지구 밖으로 반사해 전 세계 사람들을 보호하는 기능을 수행해온 대기가 침식되어 얇아져 버렸고 그 때문에 앞으로는 그 기능을 상실할 것으로 예상되며, 물이 오염되어 가자 지구에 발이 묶인 사람들을 비롯한 많은 사람들이 물을 사 먹기 어려울 정도로 가격이 오르고 있는 형편이며, 앞으로 60년 안에 농업에 근본적인 변화가 일어나지 않는 한 표토가 고갈되어 식량을 생산할 수 없게 될 것으로 보이기 때문이다.[*] 한편 점점 황폐해져 가는 대양이 솔로몬 제도에 자리 잡은 도서 국가 같은 국가들을 집어삼키고 있는 현실도 두 말 하면 잔소리다.

그렇다면 무엇을 할 것인가?

스탠딩 록에서 얻을 수 있는 교훈은 막대한 부와 권력을 등에 업은 개발 세력이 앞세운 커다란 기계의 진로를 가로막을 수만 있다면 기꺼이 자신의 몸을 내던질 수 있다는 라돈나 브레이브불 알러드와 시위 참여자들의 굳은 결심이 악화일로를 걷고 있는 자연 세계의 현실을 두고 점점 커져만 가는 인류의 불안을 수면 위로 끌어올리는 계기가 되었다는 것이다. 한편 무장하지 않은 민간인으로 구성된 물 수호 시위대를 상대로 전투견을 풀어 놓은 민병대의 모습을 있는 그대로 보도한 일부 용감한 기자들의 기사와 사진이 소셜 미디어를 통해 전해지면서 전 세계 차원의 연대에 힘이 실리게 되었다. 덕분에 다른 운동을 벌이는 활동가들이 대거 시위대에 합류했다. 캠프의 규모가 커졌고 후원이 쇄도해 시위대를 유지하는 데 큰 도움이 되었다. 더 많은 기자와 사진 기자들이 캠프의 상황을 전 세계에 전달했고 급기야는 수천 명의 제대 군인이 캠프에 합류했는데, 나와 함께 뉴욕에서 출발한 버스에 몸을 실은 사람들도 바로 제대 군인이었다.

---

[*] http://world.time.com/2012/12/14/what-if-the-worlds-soil-runs-out/ (2018년 9월 6일 확인.)

그리고 결국 오세티 사코윈은 승리를 거머쥐었다.

당국은 12월 5일까지 캠프를 비우라는 최후통첩을 했고 12월 4일 육군 공병대는 법적, 과학적 세부 사항을 근거로 에너지 트랜스퍼 파트너스가 송유관 건설을 지속해 나가는 데 필요한 지역권地役權 허가를 내주지 않았다. 물론 자본주의는 복원력이 뛰어나기 때문에 언젠가는 에너지 트랜스퍼 파트너스가 송유관 매립을 다시 추진할 것이다. 그러나 육군 공병대가 지역권 허가를 내주지 않은 이유가 법이나 과학과 무관하다는 사실은 삼척동자도 다 아는 사실이다. 즉, 사람들이 자신이 가진 힘을 발휘했기 때문에 지역권 허가가 나지 않은 것이다. 이 투쟁은 수 족이 시작한 투쟁이었고 시위 과정에서 벌어진 모든 일은 수 족의 지도하에 이루어졌다. 그러나 수 족의 힘만으로는 국가를 등에 업은 기업이 지닌 돈의 힘과 무력에 맞설 수 없었을 것이다. 스탠딩 록에서 거머쥔 승리는 헌신, 연대, 행동주의, 기술이 융합된 결과였다. 제대 군인이 시위대에 합류했다는 사실 역시 큰 의미가 있었다. 제대 군인이 시위에 참여함으로써 지배 계급이 보유한 군사 과학 및 군사적 힘이 보통 사람에게 이전될 수 있는 가능성을 볼 수 있었고 위험한 전례를 피할 수 있었다. 한편 활동가들은 희생자나 특정 집단에게 도덕적 명확성을 강요하지 않게 되었고 이를 과거의 선택과 무관하게 개개인이 선택할 수 있는 문제로 남겨 둘 수 있었다.

지역권 허가가 나지 않았다는 소식이 전해지자 캠프는 흥분의 도가니가 되었다. 어느 제대 군인은 '내일이 커스터 장군의 생일'이라는 사실을 일깨우면서 '휘하의 군인들이 상대편에 섰다는 사실을 커스터 장군이 볼 수 있으면 좋겠다'고 덧붙였다. 눈보라로 발이 묶인 며칠 동안 제대 군인들과 많은 대화를 나누면서 이들 모두가 군대로 인해 피폐해졌다는 사실을 깨닫게 되었다. 인식의 수준은 달랐지만 제대 군인들은 대부분 자신들의 목숨이 누군가의 이윤을 내는 데 활용되었을 뿐이라는 사실을 알고 있었다. 그렇기에 이들은 흑인 민권 운동인 블랙 라이브스 매터Black Lives Matter와 팔레스타인 활동가들의 편에 서 왔다. 나오미 클라인은 '다양한 쟁점과 다양한 운동을 하나로 묶어 내는' 것이 성공의 지름길일 수 있다고 언급했다. 그리고 흑인과 유색인종에게 가해지는 경찰의 만행, 팔레스타인 및 이라크 점령, 군대에서 얻은 외상 후 스트레스 증후군PTSD, 원주민의 권리, 수질 오염 같은 다양한 쟁점이 한데 어우러진 스탠딩 록에서 바로 그와 같은 모습을 확인할 수 있었다.

그러나 스탠딩 록의 경험은 그 이상의 의미가 있다고 생각한다. 더 정의롭고 더 지속 가능한 미래를 꿈꾸는 사람들이 극복해야 할 가장 큰 과제 가운데 하나는 **자신들의 신상에는 문제가 없을 것이라고 생각하는, 세계에서 가장 부유한 국가에서 생활하는 가장 부유한 사람들**에게 그들이 누리는 특권, 그들이 보유한 부, 그들이 영위하는 안전한 생활이 타고난 운명이 아니라는 사실을 명확하게 알리는 것이다. 필요하다면 사이버 테러, 파괴 공작, 폭력에 이르는 모든 수준에서 활용할 수 있는 모든 수단을 동원하여 세계에서 가장 부유한 국가에서 생활하는 가장 부유한 사람들이 저지르고도 처벌 받지 않은 범죄를 낱낱이 밝혀내야만 할 것이다.

후기
육두구와 세계화

아미타브 고시

수년 동안 '세계화'는 기술 및 금융 혁신을 이끄는 세계의 중심부에서 주도하는 자유무역을 통해 유토피아를 실현할 수 있다는 말의 줄임말로 사용되었다. 그러나 세계화를 반기던 목소리가 그 위력을 잃어 가면서 오늘날 세계화는 국제 사회를 바라보는 시선에 녹아 있는 광범위한 혐오감을 설명하는 용어로 전락하고 있다. 한편 많은 나라의 사람들은 지금보다 덜 연결되었지만 더 안전했다고 여겨지는 과거에 대한 향수에 젖어 있는 형편이다.

그러나 그런 시대가 존재했던가? 세계화되지 않았던 시대가 과연 존재하기는 했었는지 묻지 않을 수 없다.

이와 같은 의문이 떠오른 것은 2016년 미국 대통령 선거가 막바지로 치달을 무렵 인도네시아 말루쿠 제도를 지나는 배에 올라타 있을 때였다. 한때 몰루카Moluccas 제도로 알려졌던 말루쿠Maluku 제도는 자카르타와 시간대가 2개나 차이 나는, 인도네시아에서도 원격지로 분류되는 지역으로, 지구상에서 가장 엄청나게 급변하는 지진대에 걸쳐 있다. 말루쿠 제도에 속하는 대부분의 섬은 바다에서 가파르게 솟아오른 활화산으로 극소규모의 화산에서 소규모의 화산까지 그 크기도 제각각이다. 분명한 것은 지구상에 주변부라는 것이 존재한다면 말루쿠 제도는 분명 거기에 속할 것이라는 점이다.

그러나 수천 년 동안 말루카 제도는 전 세계의 역사를 이끌어 가는 위치에 서 있었다. 그 이유는 말루카 제도의 화산토에서 자라는 두 종류의 기적 같은 나무 때문이다. 바로 정향을 얻을 수 있는 정향나무와 육두구 씨와 레이스 모양의 육두구 씨 껍질을 말린 메이스를 얻을 수 있는 육두구나무이다.

수천 년 동안 이 두 가지 향신료는 전 세계에서 가장 인기 있는 상품 가운데 하나로 자리매김해왔다. 그리고 그 덕분에 '향료 제도'라는 별명을 가지고 있는 말루쿠 제도의 술탄들은 큰 부를 축적할 수 있었다. 정향은 기원전 1700년 무렵 존재했던 시리아의 텔 아샤라Tell Ashara 정착지에서도 발견되었다. 당시 사람들은 정향을 얻기 위해 메소포타미아 내륙을 가로질러 인도양으로 열린 항구에서 배를 타고 6000마일 이상 떨어진 말루쿠 제도까지 항해했을 것이다. 돌아오는 도중에 기착지를 한 번 거칠 때마다 정향 가격은 몇 배로 크게 뛰었을 것이다. 한편 르네상스 시대의 유럽에서는 향신료가 산지 가격의 수천 배에 달하는 가격에 거래되기도 했다.

베네치아 공화국은 수 세기 동안 지중해의 향신료 시장을 사실상 독점했다. 향신료 시장의 대부분은 인도에서 생산되는 후추와 생강이 차지했지만 몰루카 제도에서 생산되는 정향, 육두구 씨, 메이스는 무게 낭 단가를 더 높게 받을 수 있었다. 스페인 군주와 포르투갈 군주는 베네치아와 중동을 거치지 않고 향신료를 거래해 보려는 부푼 꿈을 안고 대규모 항해에 자금을 지원해 발견의 시대를 이끌었다. 인도양으로 향하는 해로를 개척한 포르투갈 선원들은 자신들의 종교와 더불어 당시 유럽에 만연해 있던 독점권이라는 개념을 가는 곳마다 퍼뜨렸다. 되도록 많은 상인을 끌어들이기 위해 주요 항구를 지배하는 통치자들이 서로 치열하게 경쟁하던 당시 인도양의 무역 문화에서 독점권이라는 개념은 낯선 개념이었지만 포르투갈과 그 뒤를 이어 인도양 무역에 뛰어든 스페인, 네덜란드, 영국은 인도양의 무역 전통 따위에는 관심이 없었다. 그들은 독점권을 행사하기 위해 수단과 방법을 가리지 않았다. 그 중심에 몰루카 제도가 자리 잡고 있었다.

서로 경쟁 관계에 있는 유럽 국가들이 서로 간에 또한 몰루카 제도 사람들과 힘겨루기를 하는 수십 년 동안 피 튀기는 투쟁이 이어졌다. 그 결과 영국은 아시아 지역에서 첫 번째 식민지를 확보하게 되었다. 바로 몰루카 제도에 속하는 반다Bandas 제도의 작은 섬 아이Ai와 런Run이었다.

대량학살 시도를 포함한 치열한 경쟁을 벌인 끝에 최후의 승자가 된 것은 네덜란드였다. 1621년 네덜란드 동인도 회사Dutch East India Company 총독의 명령에 따라 반다 제도 주민 15000여

명 중 14000여 명이 목숨을 잃거나 노예가 되었다. 2년 뒤 네덜란드 동인도 회사는 오늘날 암보이나 사건Massacre of Amboyna으로 알려진 대량학살 과정에서 영국인 10명을 처형하고 그밖의 많은 사람들을 학살했다.

네덜란드가 유혈 사태도 마다하지 않으면서 동인도를 장악했지만 영국은 그 이후에도 수십 년 동안 런 섬에 대한 소유권을 포기하지 않았다. 그렇기 때문에 네덜란드는 몰루카 제도에서 영국인들을 몰아내기 위해 온 힘을 다했다. 그 결과 1667년 네덜란드와 영국은 영국이 런 섬에 대한 소유권을 포기하는 대신 지구의 반대 편 끝에 자리 잡은 또 다른 섬인 맨해튼Manhattan을 비롯한 다른 영토에 대한 영국의 권리를 인정한다는 조약에 합의했다.

뉴욕 시민들은 이와 같은 역사를 잊었을지 모르지만 인구가 수백 명에 불과해 조용하기 그지없는 런 섬 주민들은 이를 아직도 또렷하게 기억하고 있다. "도널드 트럼프라는 사람은 맨해튼에서 돈을 모은 사람 아닌가요?" 미국 대통령 선거 하루 전날 런 섬에 도착했더니 어느 인도네시아 사람이 이런 뼈 있는 농담을 던졌다. "도널드 트럼프가 대통령이 된다면 맨해튼에 고마움을 표하면서 런 섬에도 고층 건물을 지으려고 하겠네요."

네덜란드 동인도 회사는 수십 년 동안 런 섬을 비롯해 몰루카 제도에서 향신료를 재배하는 섬을 활용해 막대한 이윤을 손쉽게 거머쥐었다. 그러나 유럽인들의 입맛이 바뀌면서 향신료 가격이 급락하고 말았다. 수백 그루의 나무를 뿌리째 뽑아

버리고 창고를 파괴하는 극단적인 조치를 취했음에도 결국 네
덜란드 동인도 회사는 18세기 말 파산하고 말았다.

19세기 중반 원래 서식지와 상당히 동떨어진 곳에서도 정
향나무와 육두구나무를 재배할 수 있게 되면서 막대한 부의
원천이었던 향료 제도의 오랜 역사는 막을 내렸다.

향신료 무역의 역사에서 얻을 수 있는 교훈은 연결되지 않
은 세계란 있을 수 없다는 것이다. 세계는 항상 연결되어 있었
고 연결을 피할 수 있는 지역은 존재하지 않는다. 그렇다고 해
서 상호 연결성이 기본적으로 바람직한 것이라는 의미는 아니
다. 연결되는 과정에서 으레 폭력, 불평등 심화, 대규모로 이
뤄지는 공동체 파괴가 뒤따르기 마련이기 때문이다. 한편 구
속되지 않는 세계화를 옹호하는 사람들은 19세기 영국을 비롯
한 유럽 국가들이 부르짖었던 '자유무역'으로 인해 중국으로
대규모의 아편이 흘러들어가 아편 중독자들을 양산했다는 사
실을 잊어서는 안 될 것이다.

사람들은 세계화의 이러한 측면을 쉽게 간과하고는 한다.
상호 연결성의 옹호는 포용으로 받아들여지는 반면 상호 연결
성에 대한 저항은 편견으로 인식되기 때문이다. 그러나 국제
사회를 지향하든 지역주의를 표방하든 그것 자체가 미덕인 것
은 아니다. 대신 세계화가 봉사하는 대상이 누구인지 그리고
보호주의를 표방하는 목적이 무엇인지에 대한 질문을 던져야
한다.

향료 제도의 역사에서 감지할 수 있는 불길한 징후는 또
있다. 테르나테Ternate 섬에 자리 잡은 정향나무 농장을 방문한

나는 대부분의 정향나무에 잎이 없을 뿐더러 나무의 몸통이 잿빛에 가깝다는 사실을 발견했다. 농부들은 지난 몇 년 사이 강우 형태가 바뀌면서 테르나테 섬에서 자라는 대부분의 정향나무가 죽어 가고 있다고 말했다. 비가 덜 내릴 뿐 아니라 더 변덕스럽게 내리는 바람에 병충해가 확산되었다는 것이다. 한편 테르나테 섬의 숲에서는 유례없는 수준의 화재도 발생하고 있는 형편이다.

이와 같은 변화가 지속된다면 인류 역사상 최초의 상품 가운데 하나였던 정향은 끝없이 커져 가기만 하는 상품에 대한 갈망이 불러온 온실가스 배출로 인해 대대로 뿌리내려 온 곳에서 사라질 위기에 처하고 말 것이다.

이러한 측면에서 바라볼 때 우리는 현재 인류가 살아가는 상호 연결의 시대를 진정 새롭게 열린 상호 연결의 시대로 바라볼 수 있을 것이다.

저자 소개(가나다순)

가산 하게 Ghassan Hage

레바논 출신 인류학자. 호주 멜버른 대학교 인류학 및 사회 이론 교수이다. 베이루트 아메리칸 대학교, 파리 사회과학고등연구원, 코펜하겐 대학교, 암스테르담 대학교, 하버드 대학교를 비롯한 다양한 연구 기관의 객원 교수 자격을 갖고 있다. *White Nation*(2000), *Against Paranoid Nationalism*(2003), *Alter-Politics*(2015), *Is Racism an Environmental Threat?*(2017) 등을 저술했다.

나오미 클라인 Naomi Klein

캐나다 작가 겸 언론인.《슈퍼 브랜드의 불편한 진실: 세상을 지배하는 브랜드 뒤편에는 무엇이 존재하는가 *No Logo*》(1999),《쇼크 독트린: 자본주의 재앙의 도래 *Shock Doctrine: The Rise of Disaster Capitalism*》(2007),《이것이 모든 것을 바꾼다: 자본주의 대 기후 *This Changes Everything: Capitalism vs. The Climate*》(2014)를 저술하여 이름을 알렸다. 최근 펴낸 책은《노로는 충분하지 않다 *No Is Not Enough: Resisting Trump's Shock Politics and Winning the World We Need*》(2017)이다. 아미타브 고시는《이것이 모든 것을 바꾼다: 자본주의 대 기후》를 '최근 10년 사이 발간된 가장 중요한 책 중 하나'라고 치켜세운 바 있다. 나오미 클라인은 기후 변화와 관련된 공로를 인정받아 2016년 시드니 평화상 Sydney Peace Prize을 수상했다. 나오미 클라인의 책은 대부분 한국어로 번역되었다.

라피아 자카리아 Rafia Zakaria

〈새벽 *Dawn*〉(파키스탄)과 〈보스턴 리뷰 *Boston Review*〉 '여성 지도자' 시리즈 칼럼니스트. *The Upstairs Wife: An Intimate History of Pakistan*(2016)과 *Veil*(2017)을 저술했고 〈뉴욕타임스 *The New York Times*〉, 〈가디언 *The Guardian*〉, 〈뉴 리퍼블릭 *The New Republic*〉, 〈네이션 *The Nation*〉, 〈게르니카 *Guernica*〉를 비롯한 다양한 매체에 글을 기고하고 있다.

마스투라 알라타스 Masturah Alatas

싱가포르에서 태어난 마스투라 알라타스는 말레이시아에서 언론인으로 활동하다가 1992년 이탈리아로 건너가 마체라타 대학교에서 영어를 가르치고 있다. 기후 변화를 주제로 한 이야기책 *The Girl Who Made It Snow in Singapore*(2008)와 아버지인 말레이시아 사회학자 시에드 후세인 알라타스Syed Hussein Alatas의 전기 겸 회고록 *The Life in the Writing*(2010)을 썼다. 〈카운터펀치 *Counterpunch*〉 정기 기고가인 마스투라 알라타스는 최근 소설을 탈고했고 또 다른 소설을 준비 중이다.

비자이 프라샤드 Vijay Prashad

인도 출신 역사학자이며 언론인이다. 미국 트리니티 대학교 국제관계학 및 남아시아 역사학 교수이며, 인도 레프트워드 북스 편집장, 트리컨티넨탈https://www.thetricontinental.org 디렉터를 맡고 있다. 최근 *The Death of the Nation and the Future of the Arab Revolution*(2016), *Red Star Over the Third World*(2017)를 발간했다. 《갈색의 세계사 *The*

Darker Nations: A People's History of the Third World》가 번역되었다.

샬리니 싱 Shalini Singh

델리를 중심으로 활동하는 언론인. 과거 〈힌두타임스 *Hindustan Times*〉 기고가로 활동했고 현재는 〈위크 *The Week*〉에 기고하고 있다. 환경 문제 보도에 기여한 공로를 인정받아 2012년 프렘 바티아 상 Prem Bhatia Award을 수상했으며, 인도 농민 아카이브People's Archive of Rural India, ruralindiaonline.org 설립자이다. 2013년 〈엘르 *Elle*〉는 샬리니 싱을 '위험을 무릅쓰고 까다로운 질문을 서슴없이 던지면서 오직 진실만을 추구하는 언론인'이라고 평가했다.

수전 아불하와 Susan Abulhawa

팔레스타인 소설가 겸 시인. 최근 발간한 소설 *The Blue Between Sky and Water*(2015)가 28개 언어로 번역되면서 전 세계적인 베스트셀러에 올랐다. 수전 아불하와는 아이들에게 뛰어놀 권리를 보장하기 위해 노력하는 자생 조직인 팔레스타인 아이들에게 놀이터를Playgrounds for Palestine의 설립자이기도 하다. 소설 《예닌의 아침 *Mornings in jenin*》(2010)이 번역 출간되었다.

아미타브 고시 Amitav Ghosh

인도 출신으로 방글라데시와 스리랑카 등지에서 성장했다. 영국 옥스퍼드 대학교 사회인류학 박사이며, 퀸스 칼리지와 뉴욕 시티 대학에서 비교문학을 강의했다. 하버드 대학교에서 영문학과 방문 교수를 지냈다. 다수의 문학상을 수상했다. 가장 사랑받은 소설로 *The*

*Shadow Lines, The Glass Palace, The Hungry Tide, The Ibis Trilogy*를 꼽을 수 있고 가장 최근 발간한 소설은 *The Great Derangement: Climate Change and the Unthinkable*이다. *The Glass Palace*는《유리 궁전》이라는 제목으로 국내에 번역 출간되었다.

존 벨러미 포스터 John Bellamy Foster

오리건 대학교 사회학과 교수 겸〈먼슬리 리뷰 *Monthly Review*〉편집장. 가장 최근 발간한 저술로 *The Endless Crisis*(Robert W. McChesney 공저, 2012)와 *Marx and the Earth*(Paul Burkett 공저, 2017)가 있다. 주요 연구 분야는 독점·금융자본의 등장과 2008년 대공황 등 현대 자본주의의 전개와 관련된 연구, 마르크스주의 제국주의론에 근거한 세계 정치 경제 분석, 마르크스의 사상에 기초한 생태 이론이다.《마르크스의 생태학 *Marx's Ecology: Materialism and Nature*》을 비롯한 많은 저서들이 국내에 번역 소개되었다.

카를로스 드루몬드 지 안드라지 Carlos Drummond de Andrade

(1902~1987) 브라질의 국민 시인. 수십 권의 시집을 펴냈다. 안드라지의 시〈친구의 노래 Canção Amiga〉는 브라질 지폐 50 크루자두 노부Cruzado Novo에 수록되어 있다.